LEKTÜRESCHLÜSSEL FÜR SCHÜLER

Tahar Ben Jelloun

Les Raisins de la galère

Von Wolfgang Ader

Philipp Reclam jun. Stuttgart

Dieser Lektüreschlüssel bezieht sich auf folgende Textausgabe in der Originalsprache: Tahar Ben Jelloun: *Les Raisins de la galère*. Hrsg. von Johannes Röhrig. Stuttgart: Reclam, 1999 [u. ö.] (Universal-Bibliothek. 9056.)

RECLAMS UNIVERSAL-BIBLIOTHEK Nr. 15381

Revidierte Ausgabe 2007
Gesamtherstellung: Reclam, Ditzingen
Printed in Germany 2007

ISBN 978-3-15-015381-9

www.reclam.de

Inhalt

1. Erstinformation zum Werk

In einem Interview mit der Zeitschrift *Lire* erklärt Tahar Ben Jelloun: »Je suis un homme engagé, moralement engagé, et je me moque de ceux qui me considèrent comme un ringard parce que je défends les gens humiliés, ceux que l'on jette dans la fosse commune avec une brutalité inouïe [...]. Les écrivains devraient mettre plus souvent les pieds dans la société civile.«[1]

Schreibanlass

Diese Haltung liegt auch dem Roman *Les Raisins de la galère* (erschienen 1996) zugrunde. Nadia, die Protagonistin, weigert sich, die ihr aufgezwungenen Lebensumstände stillschweigend zu akzeptieren und die an sie gerichteten Erwartungen »brav« zu erfüllen, sich also fraglos zu assimilieren und »[de mener] une petite vie plate« (127,13)[2], wie es die Mehrheit der Immigranten maghrebinischer (nordafrikanischer) Herkunft zu leben sucht.

Nadia: Rebellin

Im Gegenteil, die Ich-Erzählerin macht sich zum Sprachrohr der Immigranten, indem sie die unangenehmen Wahrheiten, d. h. die Lebensumstände, die Abschiebung in die Ghettos etc., beim Namen nennt. Aber sie bleibt nicht bei einseitigen Schuldzuweisungen stehen, sondern kritisiert ebenso scharf die sich an überkommenen Traditionen aus-

Sprachrohr und Außenseiterin

Lebensumstände: **les conditions** (f.) **de vie**
stillschweigend: **sans rien dire**
Erwartung: **l'attente** (f.)
Sprachrohr: **le/la porte-parole**
unangenehm: **embarrassant(e)**

richtende Rückwärtsgewandtheit der Immigranten. Das macht sie zur Außenseiterin in mehrfacher Hinsicht: Sie wagt es, als Frau aus dem ihr zugedachten Rollenverhalten auszubrechen, sie kritisiert ihre Landsleute und übt harsche Kritik an der politisch gewollten Ausgrenzung der Immigranten nordafrikanischer Herkunft.

Soziale Brisanz

Vor dem Hintergrund zunehmender Unruhen in Frankreichs Trabantenstädten (Vorstädten) und der wachsenden Gewaltbereitschaft derer, die keinerlei Aussicht auf ein menschenwürdiges Leben haben, weil sie »weggeschlossen« sind, bietet dieser Roman zwar keine konkreten Antworten, er fordert jedoch den Leser zu einer respektvollen Haltung gegenüber dem Fremden, Unbekannten auf, der als Mensch in seiner Andersartigkeit zu achten ist.

Außenseiter/Außenseiterin: **l'outsider** (m./f.)
Hintergrund: **le fond**
Unruhe: **l'émeute** (f.)
wachsend: **grandissant(e)**
Aussicht: **la perspective**
menschenwürdiges Leben: **une vie digne de ce nom**
weggeschlossen sein: **être reclus(e)**

2. Inhalt

Historische Hintergründe

Das Romangeschehen findet in einem ganz bestimmten historischen Rahmen statt, weswegen es unabdingbar ist, die geschichtlichen wie sozio-kulturellen Hintergründe, auf die immer wieder angespielt wird, kurz zu skizzieren.

Die handelnden Personen sind unentwirrbar mit der französisch-algerischen Geschichte verbunden.

Kolonialzeit

Diese beginnt zunächst als Kolonialgeschichte mit der Eroberung Algeriens im Jahr 1830. Ab 1840 setzt eine massive Einwanderung von Franzosen nach Algerien ein, die später als *pieds-noirs* bezeichnet werden. 1848 wird Algerien in drei Départements unterteilt. Das Land gehört von nun an zum französischen Kernland (Mutterland). Daher haben die Regierungen der Dritten Republik die Gleichstellung Algeriens mit dem Mutterland zum politischen Ziel. Allerdings besitzt das Kolonialgebiet kein Wahlrecht. Von 1912 an müssen die Einheimischen in der französischen Armee ihren Militärdienst ableisten.

historischer Rahmen: **le contexte historique**
auf etw. anspielen: **faire allusion** (f.) **à qc**
Eroberung: **la conquête**
die Gleichstellung zum politischen Ziel haben: **avoir l'assimilation** (f.) **comme objectif politique**
Einheimischer: **l'autochtone** (m./f.)

Während des Ersten Weltkriegs (1914–18) stellen sich die muslimischen Soldaten (*les harkis*) auf die Seite Frankreichs, wofür sie nach dem Krieg mit dem Wahlrecht belohnt werden. Dies gilt jedoch nur für die ehemaligen Kriegsteilnehmer.

Erster Weltkrieg

Bereits während der Kolonisation Algeriens immigrierten Algerier in das französische Mutterland. Diese Bewegung nahm in den 30er Jahren des zwanzigsten Jahrhunderts zu, als man infolge der Industrialisierung im Mutterland billige (ungelernte) Arbeitskräfte benötigte.

Während des Zweiten Weltkriegs und der deutschen Besetzung sind die algerischen Siedler politisch geteilt. Die Mehrzahl von ihnen unterstützt die Vichy-Regierung unter Maréchal Pétain. Nur eine Minderheit unterstützt die von Général de Gaulle angeführte Widerstandsbewegung. Noch während des Krieges veröffentlicht der algerische Politiker Ferhat Abbas das *Manifeste du peuple algérien*, in dem er sich im Namen des algerischen Volkes gegen die *politique d'assimilation*, d. h. die völlige Integration Algeriens in das französische Mutterland wendet und die Forderung nach Gründung eines unabhängigen algerischen Staates erhebt.

Zweiter Weltkrieg

Ferhat Abbas

1945 kommt es zum Aufstand von Sétif, bei dem mehrere tausend Algerier und hunderte

Aufstand

sich auf jds. Seite stellen: **se mettre du côté de qn**
Wahlrecht: **le droit de vote**
ehemaliger Kriegsteilnehmer: **un ancien combattant**
Aufstand: **le soulèvement; la révolte**

von Franzosen den Tod finden. Der Aufstand wird von der französischen Armee niedergeschlagen.

Abgeordnetenversammlung

Im Jahr 1947 wird die algerische Abgeordnetenversammlung begründet, die sich je zur Hälfte aus französischen und algerischen Abgeordneten zusammensetzt. (Die französischen Delegierten vertreten 920 000 Europäer, die algerischen 7 800 000 Muslime.)

Anfang der 50er Jahre beginnt die zweite große Einwanderungswelle von Nordafrikanern nach Frankreich. Viele dieser Arbeitskräfte kehren jedoch am Ende des Arbeitslebens in den Maghreb zurück.

Algerienkrieg

1954 wird die FLN (*Front de Libération Nationale*) von den beiden nationalistischen algerischen Politikern Ferhat Abbas und Ben Bella gegründet. Im gleichen Jahr beginnt der französisch-algerische Krieg, der offiziell jedoch als *pacification* und als *maintien de l'ordre* bezeichnet wird. Die FLN beginnt mit einem Guerillakrieg. Die Reaktionen der französischen Regierung sind äußerst hart. Es kommt zu verstärkten Personenkontrollen und Verhaftungen von Algeriern in Frankreich.

Durch die im Jahr 1961 von französischen Extremisten gegründete OAS (*Organisation de l'Armée Secrète*) verstärkt sich der Kampf zugunsten der *Algérie française* zwischen OAS und FLN. Von beiden Seiten werden zahlreiche Attentate begangen.

Am 20. April 1961 beginnen schließlich in Evian die Verhandlungen zwischen den nationalistischen algerischen

etw. niederschlagen: **réprimer qc**

Abkommen von Evian: Unabhängigkeit Algeriens

Vertretern und der französischen Regierung. Diese werden mit den *Accords d'Evian* im März 1962 abgeschlossen, an deren Ende ein souveräner algerischer Staat steht: Am 3. Juli 1962 wird die Unabhängigkeit ausgerufen.

Nach der Ölkrise von 1973 und der darauffolgenden Wirtschaftskrise 1974 unternimmt die französische Regierung Versuche, die Einwanderung einzudämmen und an ihrer Stelle die Familienzusammenführung zu forcieren. Die meisten Immigrantenfamilien werden in HLM (*habitations à loyer modéré*, also in Sozialwohnungen) untergebracht, die in sogenannten *cités-dortoirs* (»Schlafstädten«) am Rande der Großstädte errichtet worden sind. Ab 1976 wird die Familienzusammenführung rechtlich per Erlass geregelt.

Familienzusammenführung

In diesem Zusammenhang ist darauf hinzuweisen, dass jeder in Frankreich Geborene die französische Staatsbürgerschaft besitzt. Dieses Recht wird als *droit du sol* (*ius soli*) bezeichnet.[3]

Nach 1974 unterstützen die französischen Regierungen die Rückkehr der Immigranten durch »Rückkehrhilfen«. Zu gleicher Zeit versucht der französische Staat der zunehmenden heimlichen Zuwanderung durch Ausweisung Herr zu werden. Erst im Oktober 1981 wird die Rechtslage der Immigranten insgesamt juristisch neu geregelt.

Familienzusammenführung: **le regroupement familial**
Rückkehrhilfe: **l'aide** (f.) **au retour**
heimliche Zuwanderung: **l'immigration clandestine**
Ausweisung: **l'expulsion** (f.)

Arbeitslosigkeit, Ängste vor sozialem Abstieg, Unkenntnis der Sprache, der anderen Kultur und Religion sowie die Zusammenballung der Immigranten in den Banlieues führen unter anderem zu zunehmenden fremdenfeindlichen Tendenzen in Teilen der französischen Bevölkerung. Verstärkt werden diese durch die im Jahr 1972 gegründete nationalistische, fremdenfeindliche Partei *Front National.*

Arbeitslosigkeit/ Fremdenfeindlichkeit

Jean-Marie Le Pen, ihr Gründer und Oberhaupt, erhält bei den Europawahlen im Jahr 1984 elf Prozent der Stimmen und zieht in das Europaparlament ein. Im Oktober desselben Jahres gründet als Reaktion auf die Zunahme rassistischer Übergriffe Harlem Désir die Vereinigung *SOS-Racisme*. Am 1. Dezember geht sie mit dem Slogan *Touche pas à mon pote* an die Öffentlichkeit.

SOS-Racisme

Im Jahr 1989 wird mit der ersten Kopftuch-Affäre an einem Gymnasium in Creil die *laïcité*, d. h. die grundsätzliche Trennung von Staat und Religion in Frage gestellt. Mit diesem Vorfall beginnt die Wahrnehmung in der französischen Öffentlichkeit, dass sich ein konservativerer, fundamentalistischer Islam vor allem in den Banlieues auszubreiten beginnt. Genährt wird er z. T. durch Islamisten, die we-

Kopftuch-Affäre

Arbeitslosigkeit: **le chômage**
sozialer Abstieg: **le déclin social**
Unkenntnis: **l'ignorance** (f.)
Zusammenballung: **l'entassement** (m.)
fremdenfeindlich: **xénophobe**
Übergriff: ici: **l'agression** (f.)

gen staatlicher Verfolgung in Algerien nach Frankreich emigrieren.

Sozio-kulturelle Hintergründe

Die aus den Maghreb-Staaten Tunesien, Algerien und Marokko stammenden Immigranten haben eine gemeinsame Kultur, die als *berbéro-arabo-musulmane* bezeichnet werden kann.[4] Sie ist am Schnittpunkt zwischen westlich-okzidentaler und östlich-orientalischen Kulturen entstanden.

Haus und Großfamilie

Im Mittelpunkt der familiären Struktur steht das Haus, die Familie wird als Clan (Großfamilie) verstanden. Zu ihr gehören sowohl die Eltern, deren unverheiratete wie verheiratete Söhne sowie deren Frauen und Kinder. Die Töchter hingegen gehören nicht dazu.

Das »Haus« ist die Basis in wirtschaftlicher wie rechtlicher Hinsicht, die Gruppe (Familie) dominiert den Willen des Individuums.

Patriarchat

Die Familie ist patriarchalisch gegliedert. Der Vater verwaltet nicht nur die Großfamilie im ökonomischen Sinne, er ist ihr spirituelles Oberhaupt und verkörpert sie in der Öffentlichkeit. Die Familienstruktur ist patrilinear geordnet. Das bedeutet, dass das Erbe vom Vater auf den Sohn übergeht. Um die Familienbande zu festigen, wird zum Teil immer noch traditionsgemäß innerhalb der Großfamilie geheiratet.

Schnittpunkt: ici: **le carrefour**
patrilinear: **patrilinéaire**

Bevorzugt wird die Verheiratung von Cousin und Cousine.

Die Mutter wird verehrt, denn sie verbreitet die väterliche Linie weiter. Nach traditionellem Denken soll sie möglichst viele Kinder zur Welt bringen. Der Geburt von Söhnen wird dabei besondere Bedeutung beigemessen, da durch sie die väterliche Linie weitergegeben wird. Die Töchter hingegen werden zu strenger Unterordnung erzogen. Die Mutter spielt im Haus eine wichtige Rolle, für die Erziehung und das angemessene Verhalten ihrer Töchter ist z. B. sie allein verantwortlich. Bei Erziehung und Sozialisation wird Individualismus abgelehnt. Scham und religiös motiviertes Verbot (Tabu) sind wesentliche Erziehungsmerkmale. Darüber hinaus gehört es zu den Aufgaben der Mutter, zukünftige Schwiegertöchter auszuwählen.

Rolle der Mutter

Traditionelle Wertvorstellungen

Innerhalb des Hauses gibt es eine strikte Trennung zwischen dem öffentlichen und dem privaten Bereich. Der private Bereich ist ausschließlich den Frauen vorbehalten. Zu ihm haben nur die männlichen Familienmitglieder Zutritt, die zum engsten Familienkreis gehören. Der öffentliche Bereich ist nur den Männern vorbehalten. Zu ihm haben die weiblichen Familienmitglieder nur Zutritt, wenn sie dazu aufgefordert werden bzw. in Begleitung erscheinen. Unantastbarkeit und Ehre der Frau sind unveräußerlich. Hierzu gehört insbesondere die Bedeutung der Jungfernschaft bei der Heirat.

jdn. verehren: **vénérer qn**
öffentlicher Bereich: **l'espace public**
privater Bereich: **l'espace privé**

Romanhandlung

Der Roman besteht aus fünf Teilen, die im weitesten Sinne den Alters- bzw. Bewusstseinsstufen der Ich-Erzählerin entsprechen. Eine formale Kapitelunterteilung liegt aber nicht vor.

I (3–67)

Die Ich-Erzählerin Nadia (77,21), gebürtige Französin maghrebinischer Herkunft, wohnt in Resteville, einer fiktiven Trabantenstadt im Großraum Paris, wo der Vater ein Haus gebaut hat (5,3; 6,13; 13,6–16,2). Sie beginnt ihre Erzählung mit einem Geschehen, an dem sie als Zehnjährige (3,4) beteiligt war. Dieses ist für sie von entscheidender Bedeutung gewesen: Sie wird nach der Heirat ihrer ältesten Schwester von ihren Eltern aufgefordert, das blutbefleckte Bettlaken, den Beweis der Jungfräulichkeit, aus dem Brautgemach zu holen und den Gästen zu zeigen (3,6–8; 4,10–6,12).

Auslösendes Erlebnis

Nach der Heirat lebt das jungverheiratete Paar im Haus der Eltern. Kader, der Ehemann, sucht Arbeit, seine gerade sechzehnjährige Frau ist bereits schwanger (6,13–15). Nadia, die zu diesem Zeitpunkt Klassenbeste ist, rebelliert gegen die traditionelle Frauenrolle. Sie will Automechanikerin werden (3,12–13; 3,16–19).

Frauenrolle

besteht aus etw.: **être composé(e)/constitué(e) de qc**
Geschehen: **l'évènement** (m.)
von entscheidender Bedeutung: **d'une importance décisive**
jdn. zu etw. auffordern: **demander à qn de faire qc**
Jungfräulichkeit: **la virginité**

Während der Vater ihre Absicht gutheißt (4,4–8; 8,1–2), ist die Mutter darüber entsetzt (3,13–16), denn sie lebt ganz in der traditionellen Frauenrolle. Daher nehmen die Auseinandersetzungen zwischen der Ich-Erzählerin und ihrer Mutter in den darauffolgenden Jahren zu, denn Nadia kann sich mit dem häufigen Gebären ihrer Mutter (acht Kinder, drei Fehlgeburten) nicht abfinden. Bei ihr führt das zur Vorstellung, ihre Mutter sei eine Gebärmaschine (8,9–17; 9,7–11).

Ein weiteres Feld, auf dem es zu ständigen Auseinandersetzungen zwischen Tochter und Mutter kommt, ist der Aberglaube. Letztere besteht nämlich im täglichen Leben auf strikter Einhaltung spiritistischer und religiöser Verhaltensregeln, sieht überall das Böse, das die Familie treffen könnte. Nadia dagegen ist durch das französische Schulsystem und durch die Gespräche mit ihrem Vater aufgeklärt. Sie kann und will ihre Mutter überhaupt nicht verstehen (4,17–8,8; 11,20 ff.; 51,17 ff.; 58,1 ff.; 64,10 ff.).

Reise nach Algerien

Als Dreizehnjährige unternimmt die Ich-Erzählerin zusammen mit ihrem ältesten Bruder Arezki, dessen Tochter Saadia und ihrer Mutter ihre erste Reise nach Algerien nach Tadmaït, wo sie den Großvater besucht (10,14–11,5) und an einer traditionellen kabylischen Hochzeit teilnimmt (11,6 ff.). Sie findet das Dorf (die Heimat der Eltern) jedoch sterbenslangweilig, da dort fast nur alte Leute leben, Männer, die, nachdem sie ihr Arbeitsleben in Frankreich verbracht haben, enttäuscht zurückgekehrt sind, um hier zu

Gebärmaschine: **la machine à faire des enfants**
Auseinandersetzung: **la discussion; la dispute**
Aberglaube: **la superstition**

sterben (12,3–13,5). So auch der Großvater, der nach langer Beschäftigung bei Renault von seinem Sohn abgelöst worden ist (9,18–10,13).

Erzwungener Verkauf des Hauses

Der Aufenthalt in Algerien wird jedoch durch eine Nachricht des Vaters verkürzt. Die Stadtverwaltung von Resteville plant nämlich, das Haus aufzukaufen (13,11–14,7), das ihr Vater mit eigenen Händen, nach seinen eigenen Vorstellungen gebaut hat, um dort ein Kulturzentrum für Jugendliche zu errichten (17,12–17). In Wirklichkeit wird auf dem Gelände jedoch ein Supermarkt gebaut (98,6–7).

Die Eltern fügen sich in die Anordnung und nehmen sie als Schicksal (16,3–4) an. Nadia erzwingt ein Gespräch unter vier Augen mit dem kommunistischen Bürgermeister (16,7–18,2), in dem sie ihm vorwirft, seiner Verantwortung nicht gerecht zu werden. Bourru, der Bürgermeister, flüchtet sich in kommunistische Stereotypien (17,13–21), denn der Beschluss, das Haus abzureißen, ist bereits gefasst. Die Familie erhält eine – nach Worten des Bürgermeisters – »tolle« Sozialwohnung in Val-de-Nulle-Part (99,11–12). Für das Haus zahlt die Kommune nur eine geringfügige Entschädigung (17,22–24). Versuche, den Abriss durch Einschaltung der Medien (Presse) noch abzuwenden, scheitern (18,3–16).

Aufenthalt: **le séjour**
sich in etw. fügen: **se résigner à qc**
etw. annehmen: **accepter qc**
Gespräch unter vier Augen: **un rendez-vous, une discussion en tête à tête**
jdm. etw. vorwerfen: **reprocher qc à qn**
sich in etw. flüchten: **se refugier dans qc**
Beschluss: **la résolution**

Der naheliegende Verdacht, dass Bourru, Kriegsveteran aus dem Algerienkrieg, aus fremdenfeindlicher Einstellung gehandelt hat und seine Entscheidung parteipolitischer Natur gewesen ist, bestätigt sich (18,4–5; 19,14–20,2; 50,2–7; 51,14–16; 96,19–98,15).

Folgen des Umzugs

Durch die Zwangsumsiedlung in eine HLM (21,16) verändert sich das Verhalten des Vaters zusehends. Auch die schulischen Leistungen Nadias werden schlechter. Doch sie erkennt, dass das die falsche Reaktion ist. Das Schicksal, das die meisten Immigranten erleiden, will sie nicht teilen. Eine reine pro-forma-Integration in die französische Gesellschaft lehnt sie ab (20,5–15). Der Vater hingegen, der bisher alles daran gesetzt hatte, sich mit seiner Familie in die französische Gesellschaft zu integrieren, geht in die innere Emigration und verfällt zunehmend einer stillen Depression, die sich nach seiner Pensionierung noch vertieft (19,1 f.; 33,14–34,10). Als passiver Betrachter des Geschehens um ihn herum nimmt er die Verfallserscheinungen gesellschaftlicher wie moralischer Normen wahr, ohne sich in irgendeiner Weise einzumischen. Die Rückkehr in den *bled* (nordafrikanisches Hinterland; »Kaff«) lehnt er ab (34,15–35,9). Nur zu Nadia unterhält er einen über das Alltägliche hinausgehen-

Verdacht: **le soupçon**
Kriegsveteran: **un ancien combattant**
Einstellung: **une attitude**
Zwangsumsiedlung: **le déménagement forcé**
hingegen: **par contre**
einer Sache verfallen: ici: **être en proie à qc**
Verfallserscheinungen: **les symptômes** (m.) **du déclin**
sich einmischen: **intervenir**

den Kontakt (35,25–37,4). Mit ihr diskutiert und spielt er, berät und belehrt sie, so dass er für kurze Zeit die tägliche Tristesse vergisst. Bis zu seinem frühen Tod wird der Vater ihre geistig-moralische Instanz, die ihr Kraft gibt, sich im Bewusstsein ihrer Herkunft in Resteville zu behaupten, sie nicht zu vergessen oder zu leugnen. Er ist es auch, der sie vor dem Hintergrund der eigenen Biographie dazu veranlasst, ihre Rechte als Französin einzufordern und durchzusetzen (36,13–21; 37,5; 46,6 ff.; 50,8 f.).

Nadias Familie bleibt von Schicksalsschlägen nicht verschont. Der jüngste Bruder, Titom, wird von einem Auto überfahren und überlebt als Schwerbehinderter (24,23–25,14).

Nachdem sie sich kurzzeitig von den Ereignissen hat überwältigen lassen, durchläuft die Ich-Erzählerin altersgemäß eine ganz normale Entwicklung, die von ihrem wachsenden Bewusstsein für das Geschehen um sie herum geprägt ist (21,7–11; 22,12 f.; 24,12).

Mit siebzehn Jahren wird sie zum dritten Mal in Folge Klassensprecherin. Sie besucht mittlerweile die *terminale* und organisiert erfolgreich einen Streik, der zum Ziel hat, eine weitere Abiturklasse für das *bac B* (Wirtschaft) durchzusetzen. Dass sie gezwungen ist, unter diesen Umständen die Abiturklasse zu wiederholen, nimmt sie billigend in Kauf (23,1–9).

früh: ici: **prématuré(e)**
Instanz: **l'autorité** (f.)
sich behaupten: **s'affirmer**
Hintergrund: **le fond**
jdn. veranlassen, etw. zu tun: **engager, inciter qn à faire qc**
etw. einfordern: ici: **réclamer qc**
etw. durchsetzen: **acquérir qc**

Während dieser Zeit lernt sie den Streetworker Marc kennen, mit dem sie eine tiefe Freundschaft verbindet. Er ist auch ihr erster Liebhaber (24,12). Im Sommer (wohl nach dem Abitur) arbeitet die Ich-Erzählerin kurzzeitig als Kassiererin in einem Supermarkt, wird jedoch fristlos entlassen, als sie sich in einen eskalierenden Streit zwischen einem Wachmann und einem kleinen Ladendieb einmischt (27,7–28,13).

Marc

Daraufhin arbeitet sie zusammen mit Marc. Sie betreut vor allem die jüngsten Kinder. Sie lernt Ali, einen liebenswerten, geistig etwas zurückgebliebenen Jungen kennen. Durch die Beschäftigung mit ihm wird ihr bewusst, dass Erwachsene mit Kindern respektvoll umgehen müssen. Dies wird zu ihrer leitenden Idee: der Respekt vor dem Anderen, dem Fremden. Gleichzeitig erlebt sie jedoch die zunehmende Gewalt in Resteville, mit der auch der Verlust sittlicher Wertvorstellungen einhergeht (28,14–32,19).

Diese Zusammenhänge stellt Nadia beispielhaft am Diebstahl von fünf Jungen dar, die die Spendenkasse in der Stadtverwaltung ausgeraubt haben (38,11–45,14).

Der Werteverlust, der mit dem Identitätsverlust einhergeht (46,6–49,6; 65,4–66,5), macht auch vor ihrer Familie nicht Halt. Ihr Cousin Nourredine, zunächst drogenabhängig, gerät unter den Einfluss einer Gruppe junger Islamisten und wird deren Anhänger. Als diese Frankreich 1989 verlassen, um sich als Kämpfer am algerischen Bürgerkrieg zu beteiligen, verfällt er der Agonie und stirbt (54,14–57,2).

Identitäts- und Werteverlust

jdn. entlassen: **licencier qn**
Wachmann: **le vigile**
Anhänger: **l'adepte** (m./f.)

Trennung von Marc

Im selben Jahr legt Nadia ihre *licence d'économie* ab. Sie trennt sich von Marc, der auf den Antillen eine Beschäftigung als Freizeitpädagoge gefunden hat.

Tod des Vaters

Im September des Jahres 1991 stirbt der Vater (57,7 f.; 103,14). Zur Beerdigung reist die Ich-Erzählerin nochmals nach Tadmaït (58,10 ff.). Dort wird ihr endgültig klar, dass Algerien nicht ihre Heimat ist (58,22 f.). Seit der Zeit, als sie Marc kennengelernt hat, ist Nadia in der Stadtteilarbeit tätig (59,19 f.). Nach der Ermordung Kamel Mellous (1991) wird sie jedoch auch politisch aktiv (59,23–67,15).

II (68,1–148,16)

Politische Aktivität

Freunde der *Association des Jeunes de Resteville* (AJR) drängen Nadia, die Präsidentin der Vereinigung ist, sich als Kandidatin bei den Kantonalwahlen aufstellen zu lassen. Obwohl sie von Politik wenig hält, stimmt sie zu. Dies tut sie nicht zuletzt, weil es auch ihrem Vater gefallen hätte, seine Tochter auf diesem Weg zu sehen. Im Übrigen hat sie gerade ihr Studium abgeschlossen und ist dabei, sich eine Arbeitsstelle zu suchen (68,1–15).

Wahlniederlage

Bei den Wahlen unterliegt Nadia und entschließt sich, an die Universität zurückzukehren, Stadtentwicklung und Soziologie zu studieren, um hierin mit einem weiteren Diplom abzuschließen (69,1–70,2).

sich als Kandidat/Kandidatin bei den Kantonalwahlen aufstellen lassen: **se présenter aux cantonales**

Die Zeitspanne von der Wiederaufnahme ihres Studiums bis zu dem Augenblick, als sie der Aufforderung nachkommt, sich für die kommenden Parlamentswahlen als Abgeordnetenkandidatin der Grünen aufstellen zu lassen, dient Nadia dazu, grundsätzliche Reflexionen über ihr Selbstverständnis als Frau im Verhältnis zu Männern anzustellen. Diese Betrachtung wird durch ein Gespräch mit einem Kommilitonen ausgelöst. Der Brief ihres ehemaligen Freundes Marc vertieft die Selbstbefragung noch (74,19–80,3). Daran schließt sich ein gedanklicher Exkurs über die Einsamkeit und den Werdegang ihres Bruders Aziz an, der mittlerweile die Arbeitsstelle ihres Vaters bei Renault übernommen hat (81,1–82,3; 83,8–85,17). Die Reflexionen münden in der Feststellung, dass ihre Immigrantengeneration aus gebürtigen Franzosen besteht. Viele von ihnen sind in Sarcelles geboren (85,20–86,11). Dennoch werden sie nur als Franzosen »zweiter Wahl« wahrgenommen und unter der Rubrik »Zweite Generation« klassifiziert.

Einsamkeit

Diese Überlegungen werden durch ein Geschehen unterbrochen, das die Ich-Erzählerin besonders erschüttert. In einem Brief berichten drei gebürtige Französinnen, dass sie von ihrem Vater nach Algerien zurückgeschickt worden sind und nun bei dessen Bruder wohnen. Mit dem dortigen Leben kommen sie überhaupt nicht zurecht. Daher bitten

Zwischen den Kulturen

Aufforderung: **l'invitation** (f.)
Selbstverständnis: **l'autoperception** (f.); **la perception de soi**
Werdegang: **l'évolution** (f.)
Überlegung: **le raisonnement**
jdn. erschüttern: **frapper qn**

sie, man möge ihnen helfen, wieder nach Frankreich zurückzukommen.

Trotz aller Versuche, deren Vater umzustimmen, bleibt dieser bei seinem Entschluss, wovon ihn auch der Selbstmord der jüngsten Tochter nicht abbringt. Im Gegenteil, die gesamte Familie verlässt Frankreich. Die Ich-Erzählerin kritisiert in diesem Zusammenhang nicht nur die Eltern, sondern auch die Wahrnehmung durch die Öffentlichkeit (Presse). Diese reagiert nur in sensationslüsterner Weise auf solche Fälle, ohne auf die eigentlichen Hintergründe einzugehen, die zu solchen Handlungsweisen provozieren (86,12–96,17).

Kandidatin der Grünen-Partei

Nachdem die Grünen Nadia zur Abgeordnetenkandidatin aufgestellt haben, sieht sie sich gezwungen, mit dem ehemaligen Bürgermeister Bourru zu verhandeln, damit die kommunistische Partei, die in ihrem Wahlkreis keinen eigenen Kandidaten aufgestellt hat, Nadja Stimmen überlässt (96,18–97,7).

Im Gespräch mit Bourru übt die Ich-Erzählerin späte Rache am Verhalten des Bürgermeisters. Sie zwingt Bourru dazu, seinen Einfluss in der Partei für sie geltend zu machen. Im Austausch dafür vernichtet sie ihre Unterlagen, die die unrechtmäßige Zerstörung des Hauses und der Zwangsumsiedlung der Familie beweisen. Darauf muss Bourru sich widerwillig einlassen (97,8–98,15).

In einer sich anschließenden Reflexionsphase erinnert

jdn. umstimmen: **faire changer qn d'avis**
Selbstmord: **le suicide**
Wahlkreis: **la circonscription électorale**
Rache: **la vengeance**
Einfluss: **l'influence** (f.)

sich Nadia an die Biographie ihres Vaters zurück und träumt davon, dass ihr die völlige Anerkennung als Französin maghrebinischer Herkunft in der französischen Gesellschaft gelingen werde (99,10–103,21).

Traum von gelungener Integration

Diese Gedankenspiele werden von zwei Islamisten unterbrochen. Sie versuchen, Nadia ihrer Ideologie gefügig zu machen, indem sie ihr ihre Hilfe anbieten. Hierfür erwarten sie jedoch, dass sie ihre feministische Haltung im Zusammenhang mit dem Kopftuchstreit aufgibt. Die Protagonistin widersteht diesem Ansinnen und setzt die beiden Fundamentalisten vor die Tür (104,1–107,19).

Islamische Fundamentalisten

Kurz darauf kommt Nadia mit einem weiteren typischen Fall aus dem Immigrantenmilieu in Berührung. Es geht um die Flucht einer jungen Französin marokkanischer Herkunft. Da Nadia die junge Frau gut kennt, verspricht sie dem Vater, Naïma zu suchen.

Naïma

Diese hatte immer davon geträumt, Schauspielerin zu werden. Deswegen liegt die Vermutung nahe, dass sie geflüchtet ist, um ihrem Milieu zu entkommen. Es ist jedoch auch denkbar, dass sie zur Prostitution gezwungen und nach Italien verschleppt worden ist (108,1–109,19).

Daher beschließt Nadia, nach Neapel zu reisen, von wo die Eltern der jungen Frau einen Anruf erhalten haben. Sie verbindet diese Reise mit der Gelegenheit, sich dort mit Vertretern von *SOS-Racisme* zu treffen.

Reise nach Italien

Ansinnen: **la prétention**
Flucht: ici: **la fugue**

Während eines Spazierganges dort erkennt sie auf einem riesigen Plakat Naïma wieder. Sie posiert für eine Werbekampagne. Der auch von Nadia gehegte Verdacht, sie könne zur Prostitution gezwungen geworden sein, erweist sich als völlig haltlos (123,16–19; 124,4–7; 125,4–5), denn es stellt sich heraus, dass aus Naïma ein berühmtes Mannequin geworden ist (117,24–119,2).

Durch ihre Kontakte in Neapel gelangt Nadia nach Turin, wo sie Naïma auf einer Künstlerparty wiedersieht. Ihr ist es gelungen, ihr Lebensziel zu erreichen (119,3–124,18).

Nach Resteville zurückgekehrt erhält Nadia von ihr einen Brief und ein für Naïmas Familie bestimmtes Paket. Das Mannequin versichert Nadia in dem Brief, dass sie keinen Grund habe, sich um sie zu sorgen.

Naïmas Erfolg wird nicht anerkannt

Im Gespräch mit den Eltern Naïmas berichtet Nadia von den Erfolgen der Tochter. Diese wollen das von der Tochter gewählte Leben jedoch nicht akzeptieren. In ihrer Vorstellung ist diese Lebensform eine Schande, denn sie verstößt gegen den tradierten weiblichen Verhaltenskodex, dessen Kern in Anstand und Schamgefühl besteht. Der Vater erklärt sie daher für gestorben, denn Naïma habe Schande über ihn gebracht (125,11–127,8; 146,22–148,12).

Kurz nach diesem Gespräch setzt Kamel, der Schwager Nadias, sie davon in Kenntnis, dass seine Tochter Zohra künftig das Kopftuch tragen werde, denn er wolle nicht, dass sie ebenfalls zur Prostituierten werde (128,9–129,6).

Zweifel an eigener Identität

Die Wahlkampfzeit ist angefüllt mit Verabredungen, Treffen, persönlichen Sorgen, Reflexionen über die Stellung der Immigranten sowie ihre kulturelle Verschiedenheit, und mit zunehmenden Selbstzweifeln, was die eigene Identität angeht. Nadia erfüllt alle an sie gerichteten Anforderungen. Es gelingt ihr auch, den rückreisewilligen Vater Naïmas mit Hilfe seiner Kinder zum Bleiben zu bewegen.

Mittlerweile spielt auch die Kopftuchaffäre eine immer größere politische Rolle. Nadia weigert sich jedoch, die fundamentalistischen islamischen Forderungen zu den ihren zu machen. All das beansprucht sie so sehr, dass sie sich immer häufiger wünscht, Abstand nehmen zu können und mehr für sich zu sein (129,4–148,16).

III (148,17–152,10)

Am Wahlabend stellt sich heraus, dass Nadia als Kandidatin unterlegen ist. In einem bitteren Selbstgespräch erklärt sie ihr gesamtes Integrationsprojekt für gescheitert. Sie gesteht sich ein, dass sie den Grünen lediglich als Aushängeschild gedient hat (148,17–149,2). Daher packt sie ihre gesamte Habe in einen riesigen Müllsack und stellt sich dabei vor, sich selbst mit in diesen Beutel zu verpacken. Atemlöcher sichern ihr Überleben. Bei diesen Gedanken fühlt sie sich freier denn je, denn sie ist bei sich selbst angelangt (149,2–152,10).

Erneute Wahlniederlage

IV (152,11–153,21)

Im abschließenden »Dialog« zwischen Vater und Tochter, der durch eine Verschiebung der Erzählhaltung bewirkt

bitter: **amer(-ère)**
jdm. als Aushängeschild dienen: **rendre service à qn**
Verschiebung: **le changement**
Erzählhaltung: **la perspective de narration**

wird (152,11–15), gelingt es der Tochter, sich Mut zu machen, alles Erreichte als Erfolg und nicht als Misserfolg zu betrachten, indem sie sich an den Vater erinnert. Als innere Stimme rät er Nadia, das Land zu verlassen, hinaus in die Welt zu reisen und diese zu erkunden, jedoch niemals zu vergessen, wer sie ist und woher sie kommt (152,15–153,6). Ein Postbote holt sie wieder in die Gegenwart zurück. Sie erhält ein Einschreiben, dessen Erhalt sie arabisch quittiert, was der Bote schön findet.

V (154,1–6)

In einer Art Epilog dankt der Autor am Ende des Romans all denjenigen, die zu dessen Entstehung beigetragen haben. Denn das Werk beruht zum Teil auf den Ergebnissen einer soziologischen Untersuchung und auf in diesem Rahmen geführten Interviews. Hierdurch verweist der Autor auf die große Authentizität des Geschehens: Die Fiktion nähert sich stark an die gelebte Realität der Immigranten in Frankreich an.

Synopsis du contenu

DÉBUT DU RÉCIT

À dix ans:

- **le plus mauvais souvenir (3,5 f.)**

es gelingt jdm., etw. zu tun: **qn réussit (à faire qc)**
jdm. Mut machen: **encourager qn**

À treize ans:

- Voyage au bled à Tadmaït en Algérie (10,14)
- Démolition de la maison à Resteville (16,2)
- Rendez-vous avec le maire (16,7)
- Les raisons de la destruction de la maison (17,8 ff.)

À quatorze ans:

- Note de journal (20,17)
- [...] ils ne m'auront pas. Je ne serai jamais la petite Beur [...] (20,17–18)
- Antoine (21,8)
- Vie en appartement (21,16)

À dix-sept ans (23,1):

- Marc (22,12)
- Déléguée de classe depuis trois ans (23,1 ff.)
- Organisation d'une grève (23,3)
- Titom gravement blessé lors d'un accident de voiture (24,23)
- Caissière au supermarché (27,7)
- Licenciement (28,12)
- Travaille avec Marc comme monitrice pour les toutpetits (28,14)
- Ali (29,6)
- Retraite du père – sa dépression (33,14)
- Idée de se venger sur le maire (Bourru) (36,3)
- Histoire du vol de la caisse de la mairie par les cinq gamins (38,11)
- Vie des voisins (46,6)
- Juin 1989 (57,3)

- Licence d'économie (57,3)
- Séparation de Marc, parti pour les Antilles (57,3)
- 1991, en septembre: décès du père (51,12; 57,7), enterrement en Algérie (58,18)
- Assassinat de Kamel Mellou (59,23; 60,1)
- Présidente de A. J. R. (Association des jeunes de Resteville) (60,4)

DEUXIÈME PARTIE

À vingt-quatre ans (68,4):

- Recherche d'un emploi (68,5)
- Présentation aux cantonales, défaite électorale (69,1)
- Retour à la faculté (69,12)
- Préparation d'un diplôme d'urbanisme et de sociologie (69,12)
- Réflexions sur quelques caractéristiques des Arabes (70,2)
- Réflexions sur les relations avec les »mecs« (74,19)
- Lettre de Marc (77,21)
- Réflexions sur la solitude (81,1)
- Aziz (81,9)
- L'histoire de Yamina, Kbira et Rosa (86,12)

À vingt-huit ans (quinze ans après la destruction de la maison) (98,3):

- Candidature aux législatives comme députée des Verts (96,18)
- Rencontre avec l'ancien maire, Bourru (97,8)
- Dispute avec les islamistes Yahia et Ali (104,1)

- L'histoire de Naïma (108,4)
- Voyage en Italie du sud (113,6)
- Recherche de Naïma en Italie (116,15)
- Meeting de solidarité avec un groupe de SOS-Racisme à Naples (117,6)
- Rencontre avec Naïma à Turin (123,6)
- Retour en France (124,19)
- Rêve de vivre dans un autre pays qui ne sera ni la France ni l'Algérie (131,4; 139,15–16)
- Réflexions sur la question de l'identité (143,17)

TROISIÈME PARTIE

Défaite électorale (148,17)
Bilan amer de sa réussite (150,1)

QUATRIÈME PARTIE

- Décision d'aller à la découverte du monde (152,24)
- Nadia reçoit un paquet recommandé et signe en arabe (153,15)

CINQUIÈME PARTIE

- Épilogue: Remerciements (154)

3. Personen

Nadia ist sowohl Protagonistin wie Ich-Erzählerin, die aus ihrer eingeschränkten, ganz persönlichen Sicht ihre eigene Entwicklung erzählt und über den Gang der Ereignisse berichtet: Geschehen und involvierte Romanpersonen werden durch ihre Wahrnehmung gefiltert. Diese perspektivische Einschränkung wird jedoch durch das Einbeziehen gleichsam dokumentarischer Einschübe durchbrochen. Dadurch wird die Ich-Erzählerin nicht nur als Zeitzeugin glaubhaft, sondern es wird deutlich, dass ihre Sicht über persönliche Betroffenheit hinausgeht. Durch die Art ihrer Darstellung begründet sie, in welche Richtung sie sich entwickelt hat. Denn sie ist einerseits Erleidende, andererseits aber auch diejenige, die sich mit den herrschenden Verhältnissen nicht abzufinden gedenkt und aktiv gegen sie ankämpft.

Persönliche Perspektive

Die weitreichende Thematik der Unterdrückung, Missachtung und Ablehnung des Fremden wird von Nadia auf verschiedenen Ebenen dargestellt. Es ist die ganz persön-

persönliche Sicht: **le point de vue personnel**
Gang der Ereignisse: **la chronologie des évènements**
Wahrnehmung: **la perception**
Einschränkung: **la restriction**
Einschub: **l'insertion** (f.)
Zeitzeuge: **le témoin de l'époque**
Unterdrückung: **la soumission**
Missachtung: **le mépris**
Ablehnung: **le rejet**

liche Geschichte einer Französin maghrebinischer Herkunft in ihrem sozio-kulturellen Milieu, aus dem sie ausbricht. Gleichzeitig berichtet sie vom wachsenden Rassismus gegenüber den Immigranten nordafrikanischer Herkunft und vom Desinteresse, mit dem die französische Gesellschaft auf deren Versuche reagiert, sich zu integrieren.

Erweiterte Perspektive

Mit dem zunehmenden Bewusstsein für ihre eigene Stellung erweitert sie den Bericht über die alltäglichen Zurückweisungen durch Reflexionen, in die sie Lebens- und Leidensgeschichten anderer Immigranten mit gleichem Hintergrund einbezieht, gleichzeitig aber deren Unvermögen, sich in der französischen Gesellschaft zu etablieren, kritisiert. Mit dem Wissen über die Vielfältigkeit der Ursachen der Immigrantenmisere gehen auch Zweifel an der eigenen Identität einher.

Auflehnung gegen die Tradition

Ausgangspunkt ihrer persönlichen Entwicklungsgeschichte ist die traditionell vollzogene Hochzeit ihrer Schwester. Nadia verspürt den brennenden Wunsch, sich auf diese Weise niemals einem Mann unterzuordnen. Bereits zu diesem frühen Zeitpunkt beweist sie,

wachsend: **grandissant(e)**
zunehmendes Bewusstsein: **la conscience croissante**
Stellung: ici: **la condition**
Zurückweisung: **le rejet**
Hintergrund: **le fond**
Unvermögen: **l'incapacité** (f.)
Vielfältigkeit: **la diversité**
Zweifel: **le doute**
brennender Wunsch: **le désir ardent**

dass sie sich mit solchen Verhaltensweisen und ihren Anhängern nicht abfinden wird. All dem stellt sie ihren eigenen Lebensentwurf entgegen: »[...] je voulais devenir plus tard mécanicienne [...]« (3,12–13). In diesem Wunsch drückt die Protagonistin bereits eine Form der Auflehnung aus, sich nicht bestimmten vorgegebenen Verhaltensmustern unterzuordnen. Das spiegelt sich auch in dem sehr kritischen Blick auf die Jungen mit gleichem sozio-kulturellen Hintergrund wider: »[...] les garçons, chez nous, ne valaient même pas les filles: tous des fils à Maman, comptant sur le travail de leurs sœurs pour payer leurs cigarettes et leurs sorties en boîte!« (24,19 f.). Ihre Freunde sucht sich Nadia dementsprechend auch nicht in ihrem Milieu. Ihr erster Flirtpartner, Antoine, ist Franzose. In ihr Tagebuch notiert die Vierzehnjährige: »[...] Rendez-vous avec Toni. Il s'appelle Antoine. [...] Mon premier flirt est un Français. Je suis contente que ce ne soit pas un Arabe ...« (21,7–10). Ihr erster Geliebter ist Marc, ein Freizeitpädagoge, von dem sie sich später trennt.

Freunde aus anderem Milieu

Ihr Verhältnis zu Männern ist unorthodox, weil sie bestimmt, was sie möchte. Bereits als Jugendliche treibt sie Sportarten, die nicht zur (traditionellen) Frauenrolle passen wollen: »Je faisais du karaté pour apprendre à me défendre, du cheval pour oublier les ennuis quotidiens, de la boxe pour provoquer les garçons« (24,14 ff.). Daher gilt sie in ihrem Milieu als Frau, die Männern Angst macht, wie sie feststellt: »Je fais peur aux mecs. Quand ils me rencontrent, ils baissent les yeux. Je ne sais pas ce qu'ils s'imaginent, mais quand ils ne m'agressent pas, ils préfèrent m'éviter« (74,19 ff.).

Ausbruch aus der traditionellen Frauenrolle

Tagebuch: **le journal intime**

Eine Frau, die über sich selbst, ihr Leben, ihren Erfolg bestimmen will und das in die Tat umsetzt, verkehrt die tradierten Machtverhältnisse. Auch Nadias Mutter kommt mit der Tochter nicht zurecht: »Ma mère ne comprend pas pourquoi je suis tout le temps en train de vaquer à des choses qui m'intéressent. Elle dit que je suis l'homme de la maison; dans sa bouche, ce n'est pas un compliment [...]« (82,13 ff.). Nur Marc und Nadias Vater anerkennen diesen Rollenwechsel. So erinnert sich die Ich-Erzählerin an Worte ihres verstorbenen Vaters: »[...] je te connais, je sais que tu es une femme libre. On n'aime pas beaucoup ça chez nous, mais moi, je t'ai toujours voulue ainsi [...]« (152,22 ff.).

Eine weitere persönliche Erfahrung, nämlich die durch die Kommune von Resteville angeordnete Zerstörung des väterlichen Hauses, mit der die Umsiedlung in eine Sozialwohnung einhergeht, prägt Nadias Verhältnis zur französischen Gesellschaft und zu den »Mächtigen«. Bereits als Dreizehnjährige ahnt sie, dass die durch den Bürgermeister erlassene Anordnung des Zwangsverkaufs politische und rassistische Hintergründe hat: »Pour moi, l'affaire était politique et teintée de racisme« (19,14).

Es macht die Charakterstärke der Heldin aus, dass sie sich nicht in dieses von oben verordnete Schicksal fügen will. Im Gegenteil, sie beschließt, dagegen anzukämpfen, indem sie in einem Gespräch den Bürgermeister von der Unrechtmäßigkeit seines Handelns zu überzeugen sucht. Dem sich aus der Vergeblichkeit dieses Versuchs entwickelnden Gefühl des Ausgeliefertseins setzt sie das eigene Engagement, die Rebellion entgegen. »Je n'avais que treize ans, mais je devais avoir en

Engagement

Ausgeliefertsein: **l'impuissance** (f.)

moi cent ans de colère et de rancœur accumulées. Pourquoi nous expulser? De quel droit nous expédier dans des cages à lapins?« (16,4–7).

Nadia begreift, dass sie rassistisch motivierte Ungerechtigkeiten, politische und gesellschaftliche Gleichgültigkeit gegenüber den Immigranten nur ändern kann, wenn sie es schafft, aus den tradierten kulturellen und sozialen Verhältnissen, wie sie in ihrer nächsten Umgebung gelebt werden, auszubrechen. Sie muss und will selbst zur Handelnden werden. Anders als der Vater, der sich in sein Schicksal fügt und an ihm zerbricht, will sie es selbst gestalten. Indem sie gegen die erzwungenen Lebensverhältnisse rebelliert, sucht sie den ihr persönlich sowie ihrer »Gruppe« verweigerten Respekt zu erkämpfen.

Dieser Durchsetzungswille ist um so verständlicher, als Nadia um die bereits erfolgten Integrationsversuche der eigenen Familie (Großvater, Vater) weiß (99,18–100,8; 103,13–14) und hervorhebt, wie groß auch schon deren Bedürfnis nach Anerkennung war.

Ausbildung

Als Konsequenz misst sie ihrer eigenen Ausbildung (Schulabschluss und Studium) große Bedeutung bei, um ihre Chancen zu verbessern.

Rolle der Erziehung

Aus ihrer Tätigkeit als Betreuerin der ganz Kleinen zieht Nadia die Schlussfolgerung, dass die Erziehungsarbeit gegen den Ausschluss aus der Gesellschaft und den Rassismus bereits im Kindesalter beginnen muss, wofür sie sich konsequent einsetzt (32,16 f.). Während dieser Zeit entwickelt sie auch die Einsicht: »[…] en m'occupant

Schlussfolgerung: **la conclusion**
Ausschluss: **l'exclusion** (f.)

des autres, je pense précisément à moi, à ma vie et à mon avenir« (82,22–83,2). Diese Idee setzt sie fast bis zur Selbstaufgabe in die Realität um. Auch in ihrem weiteren Lebensbericht verdeutlicht sie, wie wenig Zeit sie für Persönliches erübrigen kann: »J'étais prise par tant et tant de réunions que je n'avais plus le temps de m'occuper d'elle [de Radya, sa petite sœur]« (59,19 ff.).

Die zunehmende Erkenntnis, dass sie wie ihre gesamte Generation (*la génération oubliée*) lediglich Franzosen zweiter Klasse sind, führt in langen Reflexionen (inneren Monologen) zur Frage nach den gesellschaftlichen wie kulturellen Zusammenhängen und nach der eigenen Identität. Ihr Bewusstsein, durch die Realität geschärft, wird immer mehr von der Einsicht bestimmt, in diesem Land fehl am Platze zu sein: »Quel pays est le mien? Celui de mon père? Celui de mon enfance? Ai-je droit à une patrie? Il m'arrive parfois, de sortir ma carte d'identité – non, on dit: ›carte *nationale* d'identité‹« (140,9 f.). Nadia weiß, dass sie Französin ist: »[…] nous ne sommes pas du tout des immigrés […] nous sommes nés ici en terre française avec des gueules d'Arabes […]« (85,21–24), aber ihre maghrebinischen Wurzeln will sie nicht verleugnen müssen (100,9–12). Sie will beides zugleich sein. Die Bezeichnung *beur(ette)* oder *deuxième génération* lehnt sie als Stigmatisierung ab. Andererseits nimmt sie auch zur Kenntnis, dass ihr die Heimat ihres Vaters nichts bedeutet. Eine Rückkehr dorthin ist ausgeschlossen. Der häufig beschrittene dritte Weg, derjenige der Assimilation, um die eigene Herkunft zu verleugnen, kommt für sie nicht in Frage. Daher bleibt Nadia für sich wie für die anderen Immi-

Frage nach der eigenen Identität

Keine Assimilation

Menschenwürde

granten nur die Forderung nach Wahrung der Menschenwürde als einer über Grenzen hinweggehenden Identität. Diese sieht sie im Respekt vor dem Anderen verwirklicht: »[...] pour ce qui était de l'amour, c'était râpé! Il nous restait à exiger le respect« (20,3–4). Den Preis für diesen Einsatz, die mögliche Vereinsamung (81,1 f.), nimmt sie in Kauf, träumt jedoch immer häufiger davon, sich zurückzuziehen (145,3).

Nur in einem einzigen Fall, dem Aufstieg Naïmas zum Mannequin, erkennt Nadia, dass ein Ausstieg aus dem Immigrantenmilieu und Akzeptanz durch die anderen möglich ist. Sie gelingt im Bereich der Künste, der Ästhetik mit ihrem universellen Charakter. Naïma erreicht dieses Ziel jedoch nicht als Französin maghrebinischer Herkunft in Frankreich, sondern als ›Weltbürgerin‹, die selbstbewusst überkommene kulturelle Normen übergeht und dennoch sie selbst bleibt (125, 3–10).

Gescheiterte Integration

Am Ende ihres Berichtes, nach dem Scheitern ihrer politischen Ambitionen, gesteht sich Nadia ein, dass hiermit auch ihre Integration als ›vollwertiges‹ Mitglied in die französische Gesellschaft gescheitert ist. Im Gegensatz zu ihrem Vater, »[qui] avait pris la place du sien à l'usine; moi, je ne veux prendre la place de personne, je veux réussir par moi-même, m'en sortir sans rien devoir aux autres« (147,18–21).

Erst der Gedanke, wie ihr Vater reagiert hätte (152,15–26), offenbart ihr, dass sie sehr wohl viel erreicht hat – nur eines nicht, die Integration, wie sie sie sich vorgestellt hatte: »Une Beur au Palais-Bourbon!« (149,4).

Mit dem **Vater**, auf dessen Lebensgeschichte die Ich-Erzählerin im Verlauf des Berichtes immer wieder zurückkommt, unterhält sie eine sehr enge Beziehung, die über dessen frühen Tod hinaus reicht. Er ist ihr Vorbild. Jedoch erkennt sie auch seine Schwäche und will es besser machen als er, nämlich als vollwertige Französin anerkannt werden, indem sie ihre verbrieften Rechte als Bürgerin Frankreichs wahrnimmt. Die misslungenen Integrationsversuche des Vaters und des Großvaters (10,5–10) dienen als Folie, vor der das unablässige Arbeiten für die eigene Integration erst erklärbar wird. Durch die Gespräche mit ihrem Vater erhält sie Einsicht in die Vielschichtigkeit und die Bedingungen des Eingliederungsprozesses in die französische Gesellschaft.

Vater unterstützt Nadia

Früh erkennt Nadias Vater die Fähigkeiten seiner Tochter und unterstützt sie in ihrem Tun. Er hat nichts dagegen einzuwenden, als die Zehnjährige davon träumt, Automechanikerin zu werden. Seine einzige Bedingung: »›Fais ce que tu veux. Tu es celle qui ne me donne aucun souci. […] J'ai confiance en toi. Fais ce que tu veux et ne viens jamais pleurer sur mes genoux‹« (4,4ff.). Bereits in dieser Äußerung wird deutlich, welch großen Wert der Vater auf Autonomie und Selbstbewusstsein seiner Tochter legt.

Er erzieht seine Tochter dazu, der Mensch zu werden, der er selbst nicht sein kann oder will, weil er mit bestimmten überkommenen Vorstellungen nicht zu brechen vermag. Aus seiner Sicht will er das Moderne mit dem Tradierten verbinden, wie er es bereits beim Bau seines Hauses gemacht hat (15,7–8). Jedoch ist diese Haltung angesichts

enge Beziehung: **le rapport étroit**
Schwäche: **la faiblesse**

der gesellschaftlichen Gleichgültigkeit bzw. deren Ablehnung gegenüber dem Fremden zum Scheitern verurteilt, weil der Wille zum Aufbegehren fehlt. Der Vater erkennt den rebellischen Geist und den Hass auf die aktuellen Lebensumstände bei seiner Tochter. Er versteht es, Nadia beizubringen, nicht nur impulsiv zu handeln, sondern zuerst nachzudenken (36,11 f.).

Gerade durch die Gespräche mit dem Vater gewinnt die Protagonistin wesentliche Einsichten in ihre Kultur und den Islam. Für ihn ist Religion eine Privatsache, womit er beweist, dass er weit mehr ist als ein einfacher Maurer (14,8). Analytisch erklärt er anhand der Lebensläufe der Nachbarn, warum sie in der französischen Gesellschaft nicht zurechtkommen können. Seine Aufgeschlossenheit zeigt sich insbesondere auch in seinem Verhältnis zur Familienplanung, seinen Einsichten in Ursachen und Auswirkungen mangelnder oder unangepasster Erziehung und die daraus zu ziehenden Schlussfolgerungen und gipfelt in der kritischen Charakterisierung seiner Landsleute. Der ehemalige Analphabet, der nur mit Mühe zu lesen vermag, ist jedoch in der Lage, die Welt von seinem Balkon aus zu bewerten.

Kritischer Denker

Im Gegensatz zur Protagonistin ist er jedoch kein Mann der Tat, sondern eher philosophischer Betrachter und Be-

Gleichgültigkeit: **l'indifférence** (f.)
etw. gegenüber: **vis-à-vis de qc**
Scheitern: **l'échec** (m.)
Einsicht: **la compréhension**
Aufgeschlossenheit: **l'ouverture** (f.) **d'esprit**
Auswirkung: **la conséquence**
Schlussfolgerung: **la conclusion**

rater. Er besteht nicht auf seinen Rechten, die ihm als eingebürgertem Franzosen zukommen, sondern vertraut darauf, dass ihm Gerechtigkeit widerfahren möge. Doch der auf einem Gefühl gegenseitiger Achtung und Anerkennung beruhende Integrationswille wird durch den Zwangsverkauf des Hauses gebrochen. Daher zieht sich der Vater auf den Balkon der neuen Wohnung zurück und betrachtet aus der Entfernung, jedoch mit großem Überblick, was um ihn herum geschieht. Er ist es auch, der Nadia dazu anstachelt, sich auf subtile Weise an dem kommunistischen Bürgermeister zu rächen.

Kein Mann der Tat

Das Dasein im *pays d'accueil*, ohne von den Menschen aufgenommen zu werden, führt zu einer immer tiefer werdenden Depression, die mit dem Tod endet. Denn anders als sein eigener Vater kann und will er sich nicht dazu durchringen, in seine Heimat Algerien zurückzukehren.

Depression

Mit der **Mutter** verbindet die Ich-Erzählerin wenig, das Verhältnis ist distanziert. Die Protagonistin lehnt deren Verhalten als Frau und Mutter vollkommen ab, da beide Rollen aus ihrer Sicht ganz auf den traditionalistischen, nie reflektierten Verhaltensweisen beruhen, wie sie im *bled* bestehen. Am deutlichsten zeigen sich die Unterschiede, wenn die Mutter glaubt, mit engstirnigen, auf Aberglauben gegründeten Verhaltensnormen Unheil von

Unreflektierte Tradition

Anerkennung: **l'acceptation** (f.)
Überblick: **la vue d'ensemble**
jdn. zu etw. anstacheln: **inciter qn à faire qc**

der Familie abwenden zu können: »[...] il nous était défendu de siffler à l'intérieur de la maison – ça faisait venir les anges de la mort [...]« (6,19–7,15).

Zwar gibt Nadia vor, die Gebote der Mutter zu beachten; in Wirklichkeit hat sie für diese Art der Unwissenheit aber nur Verachtung übrig. Denn alles, was außerhalb dieser Regeln geschieht, führt angeblich ins Unglück. So behauptet die Mutter beispielsweise: »[...] d'après elle, le maire [...] n'était que l'instrument du mauvais sort jeté par la famille Assernaït, laquelle cherchait à nous nuire par tous les moyens« (19,5–9).

»Gebärmaschine«

Während die Mutter stolz darauf ist, insgesamt elf Kinder geboren zu haben (8,9–11), von denen drei Fehlgeburten waren, klassifiziert die Tochter sie als »une fabrique d'enfants« (9,8). Den Vorschlag, die Pille zu nehmen, um nicht immer wieder schwanger zu werden, lehnt sie mit dem Hinweis ab: »›C'est interdit par la religion‹« (9,11).

Aberglaube

Nach dem Tod ihres Mannes verfällt die Mutter völlig dem Aberglauben: »J'ai appris que, depuis peu, elle allait consulter un charlatan imberbe, un garçon de seize ans qui fait soi-disant marcher les paralytiques [...]« (63,13 ff.).

Die Mutter kann ihrerseits mit dem Leben der Tochter ebenfalls nichts anfangen, es ist ihr völlig fremd. Rückblickend erinnert sich Nadia an deren Urteil: »Ma mère [...] dit que je suis l'homme de la maison; dans sa bouche, ce n'est pas un compliment. [...] Elle est persuadée que je ne serai jamais mère de famille, que je ne fonderai jamais de foyer. [...] Elle me reproche de ne pas assez penser à moi, à ma vie, à mon avenir« (82,13 ff.). Darauf reagiert sie, indem sie aus ihrer Sicht feststellt: »Elle n'a rien compris [...]« (82,22).

Über das Verhältnis der Ich-Erzählerin zu ihren **Schwestern** erfährt man sehr wenig. Die **älteste Schwester** findet in ihrem Bericht Erwähnung, weil ihre Hochzeit zum auslösenden Moment für Nadias Entwicklung als Frau wird. Danach stellt die Ich-Erzählerin lediglich knapp fest: »Ma sœur était déjà enceinte« (6,14 f.). Im weiteren Verlauf des Geschehens findet die Schwester keine Erwähnung mehr.

Über die **jüngere Schwester Radya** berichtet die Ich-Erzählerin: »Elle me donnait beaucoup de soucis« (59,21 f.). Denn auch Radya will auf ihre Weise aus dem Rollenschema ausbrechen. Sie ist zum ersten Mal von zu Hause ausgerissen, will die *troisième* wiederholen, um mit ihrem Freund Daniel zusammenbleiben zu können. In einer heftigen Auseinandersetzung wirft Radya ihrer Schwester vor, sie sei nur eifersüchtig auf ihren Erfolg bei Jungen (59,8–22).

Die Erzählerin erwähnt ihren **ältesten Bruder Arezki** zweimal. Zum ersten Mal, als sie zusammen mit ihrer Nichte Ferien in Tadmaït (Algerien) verbringt. In diesem Zusammenhang stellt sie fest: »Arezki aurait pu être mon père, et je le respectais comme un père« (10,15 ff.). Er ist aus dem Familienverband ausgebrochen, denn er weigerte sich, wie sein Vater in der Fabrik zu arbeiten. Stattdessen macht er sein eigenes Geschäft auf. Er verkauft Ersatzteile, die er sonntags auf Schrottplätzen zusammensucht. Nach dem Tod des Vaters erwähnt Nadia nochmals ihren Bruder: »Arezki avait ouvert un deuxième magasin de pièces détachées« (59,5–7).

Mit **Titom**, dem **jüngsten Bruder**, scheint es eine engere Verbindung zu geben. Die Ich-Erzählerin urteilt über ihn: »Le seul frère qui aurait pu être un homme, mon cadet Titom […] avait été renversé par une voiture« (24,23 ff.). Er scheint gewillt gewesen zu sein, ebenso gegen den Rassismus und für die Integration in die französische Gesellschaft zu kämpfen wie Nadia. Durch den Unfall zum Schwerbehinderten geworden, siecht er dahin, leidet an epileptischen Anfällen, findet schließlich Arbeit bei einem kabylischen Schreiner (59,4). Die Äußerung der Ich-Erzählerin: »Un jour, je l'ai trouvé avec un Coran entre les mains, qu'il s'efforçait de lire en français. Il avait l'air captivé« (26,16–18) lässt darauf schließen, dass Titom sich nicht aufgibt.

Gegenüber **Aziz**, einem weiteren Bruder, nimmt die Ich-Erzählerin eine sehr kritische Haltung ein. Sie wirft dem eigentlich begnadeten Fußballspieler vor, dass er nichts aus seinem Talent mache: »[…] il aurait fallu prendre le sport au sérieux, avoir envie de réussir, de devenir quelqu'un, de quitter cette petite vie sans histoires […]« (81,16 ff.). Statt dessen tritt Aziz in die Fußstapfen seines Vaters (81,9–11). Dazu der bittere Kommentar der Ich-Erzählerin: »[…] belle promotion sociale!« (81,13 f.).

In diesem Zusammenhang kritisiert sie insgesamt das Verhalten der Männer und ihrer Brüder: »C'est vrai, je ne suis pas modeste quand je me retrouve au milieu de tous ces mecs qui ne font rien, qui passent leur temps à attendre. À attendre quoi?« (82,4–6).

Machismo

Nicht nur ihrem Bruder wirft sie das machistische Gehabe vor, hinter dem nichts als Leere steckt: »[qu']ils s'arrangent [en classe] pour accumuler les échecs; en famille, ils se conduisent comme

jdm. etw. vorwerfen: **reprocher qc à qn**
in die Fußstapfen jds. treten: ici: **prendre le relais de qn**

des pachas; dans la rue, ils traînent ou se contentent de boulots louches« (82,9–12). Und so schließt sie: »Je ne suis pas fière de mes frères« (82,12 f.).

Wohl um den ständigen Vorhaltungen zu Hause zu entgehen, macht sich Aziz immer rarer, er verschwindet schließlich. Eines Tages sieht Nadia ihn auf der Straße, wo er sich sorgsam um einen Schwerbehinderten in einem Rollstuhl kümmert. Das überrascht sie und mildert ihr abschließendes Urteil. Sie kommt zu dem Schluss: »Son [Aziz'] handicap à lui, c'est d'être né à Resteville, dans une famille d'immigrés, à une époque où il n'y avait personne pour s'occuper de cette génération qu'on a laissée pousser comme le chiendent dans un terrain vague« (85,13–17).

Kurze Berichte (zum Beispiel über Leben und Sterben des **Cousins Nourredine** [54,14–57,2]) dienen der Dokumentation des Immigrantenlebens in den Trabantenstädten. Sie verdeutlichen, zu welchen Konsequenzen der Ausschluss aus der Gesellschaft führen kann. Die Hoffnungslosigkeit, dem Milieu zu entkommen, ist so beherrschend, dass Drogenkonsum, Kriminalität und Gewalt den Alltag bestimmen. In dieser prekären Situation haben gerade fundamentalistische Gruppierungen mit ihren vordergründigen, sich auf den Wortlaut des Koran berufenden Regeln leichtes Spiel (55,5 ff.).

Fundamentalismus

Die kurzen Darlegungen über andere Immigrantenschicksale, so das des **Hausmeisters** des Gebäudes, in dem die Fami-

Hoffnungslosigkeit: **le désespoir**
beherrschend: **dominant(e)**

lie lebt, zeigen die Verzweiflung und Vereinsamung der Elterngeneration (22,1–11).

Falsche Integration

Dass die von dieser Generation ergriffenen Erziehungsmaßnahmen mit der offenen Kultur Frankreichs kollidieren, veranschaulicht die Familiengeschichte **Bachir** (46,10–48,17). Am Beispiel des **Bistrobesitzers Boualem**, der sich unter anderem als Spitzel betätigt, verdeutlicht die Ich-Erzählerin, was sie als falsche Integration ansieht. Es ist der Versuch, sich irgendwie mit und in der Gesellschaft zu arrangieren (34,7–9).

Drogen und Kriminalität

In diesen Zusammenhang gehört auch die Skizzierung der Lebensbedingungen der **Familie Gharib** (48,18 ff.) sowie die des »vieux **Brahim**« (65,4 ff.). Sie münden in den Aufschrei Nadias: »[…] Resteville. Putain de ville! Quelle merde!« (66,7). Denn am Ende dieser eingeschalteten Berichte stehen fast ausnahmslos Drogenkonsum, Aids und/oder Kriminalität. Dieser Sachverhalt wird am Beispiel der Zeugenaussagen von fünf jugendlichen Räubern ausführlich dargestellt, nämlich von **Rachid** (39,1 ff.), **Aziz** (39,11 ff.), **Kader** (40,3 ff.), **Momo** (40,10 ff.) und vor allem von **Rezki** (41,3–45,12), die in Feststellungen gipfelt wie: »›J'ai été mal fait, ça n'est pas ma faute. Mes parents ont passé leur temps à me lancer à la geule: T'es aussi moche qu'inutile! Le prof en a rajouté en hurlant: T'es nul! […]‹« (42,20–43,1). Häusliche Verwahrlosung, völliges Fehlen von Erziehung, ungeeignete Lehrer, deren pädagogische Maßnahmen lediglich darin bestehen, negative Urteile über die Kinder zu fällen, münden wie bei Rezki in kriminellen Handlungen, motiviert durch die Hoffnung, dann den Traum vom besseren Leben realisieren zu können (44,5 ff.).

Die Reaktion auf fortschreitende Kriminalisierung, nämlich die formale Rückbesinnung auf tradierte »bessere« Werte, die in der offenen Gesellschaft Frankreichs ihren Platz nicht mehr zu haben scheinen, dokumentiert die Ich-Erzählerin in dem Bericht über die drei **Töchter der Familie El Hadj** (86,12–93,12), die von ihrem Vater zurück nach Algerien geschickt worden sind, um dem sittlichen Niedergang in Frankreich zu entgehen. Die »Remigration« misslingt jedoch, die Töchter kommen mit der ihnen völlig fremden Kultur der Heimat ihres Vaters nicht zurecht. Den Selbstmord der Jüngsten nimmt der Vater gleichgültig hin. Er hält seine Handlungsweise, ausgerichtet an den traditionalistischen Vorstellungen der maghrebinischen Kultur, für zwingend. Daher kehren schließlich auch die Eltern nach Algerien zurück.

Misslungene Remigration

Das Erstarken fundamentalistischer islamischer Tendenzen in den Trabantenstädten sowie deren Bedrohlichkeit für aufgeklärte Muslime verdeutlicht das Beispiel der »*Barbus*« **Yahia** und **Ali** (104,1–107,15).

Während ihrer Tätigkeit als »monitrice pour les tout-petits« (28,14 f.) lernt Nadia **Ali**, einen siebenjährigen, geistig behinderten Jungen (29,6 f.) kennen, zu dem sie eine besonders affektive Bindung aufbaut. Sie berichtet: »Ce gamin-là m'a non seulement initié à la patience, mais il m'a inculqué la passion de la différence« (29,16 f.). Das Recht auf Anders-Sein, das sie durch das Zusammensein mit diesem liebenswerten Jungen erkennt, wird Ausgangspunkt ihrer eigenen Idee, dieses Recht grundsätzlich für die *immigrés* und deren Nachkommen, *la génération beur (deuxième génération)* (85,19) zu beanspruchen.

Am Beispiel **Naïmas** werden Gefahren und Hoffnungen

deutlich, die mit dem Ausstieg aus dem Immigrantenmilieu und dem Aufstieg in andere, künstlerische Milieus verbunden sind. Naïma gelingt es als einziger, durch ihren Ausbruch aus der Enge von Resteville Selbstbewusstsein und Ich-Identität zu gewinnen. Ihr neues Leben ist die Absage an die überkommenen häuslichen wie gesellschaftlich-kulturellen Verhältnisse. Sie klagt jedoch nicht über diese (108,1–109,19; 110,6–111,18), sondern handelt für sich.

Ausstieg aus dem Immigrantenmilieu

Der Handlungsweise der Tochter steht die traditionalistische Sicht ihres Vaters **Lahcen** völlig entgegen. Seiner Auffassung nach hat die Tochter Schande über die Familie, das heißt ihn als Mann gebracht, weil sie sich als Frau nicht den Regeln seiner und ihrer Kultur unterwirft, die unter anderem vorschreiben, dass sich Frauen nicht in der Öffentlichkeit präsentieren dürfen. Eine Auffassung, die Nadia vollkommen ablehnt, sie versteht sie nicht, kann sie noch weniger akzeptieren. Daher konstatiert sie: »Je faillis m'étrangler à entendre ces beaux principes dégénérer en monstruosités« (127,9 f.).

Der Bürgermeister von Resteville heißt **Bourru**. Der Name bedeutet »griesgrämig«. Er ist wohl auch in Assoziation mit *bourreau* (Henker) ausgewählt worden.

An ihm als Vertreter der politischen Klasse wird verdeutlicht, wie die offizielle Politik der Integration der Immigranten durch Entscheidungen auf der Ebene der Kommunalpolitik zum Scheitern verurteilt ist.

Rolle der Politik

Der Bürgermeister tritt zwar nur zweimal in Erscheinung, er ist jedoch Urheber des Scheiterns der integrationswilligen Familie Nadias in Resteville. Er stellt einen typischen Vertreter des französischen Kleinbürgertums dar, der aus ganz persönlichen, aber auch politisch-rassistischen Gründen die Aufnahme einer Migrantenfamilie in seiner Kommune verweigert. Hinter seiner parteipolitisch-ideologischen Argumentation (17,19 ff.) verbirgt sich seine blanke nationalistisch-rassistische Einstellung. Als ehemaliger Kriegsteilnehmer am Algerienkrieg rächt er sich auf seine Weise für die Kämpfe von Aurès (50,6 f.), indem er der Familie Nadias schadet. Denn er zwingt den Vater Nadias indirekt dazu, sich in eine Sozialwohnung pferchen zu lassen oder nach Algerien zurückzukehren.

Die Haltung des Bürgermeisters dient der Ich-Erzählerin als Folie, vor der die Verhaltensweisen der Franzosen betrachtet werden. Es ist ein Wechselspiel zwischen Gleichgültigkeit, was mit den Immigranten geschieht, und dem Vorurteil, dass die Immigranten und ihre Kinder sich nicht normgemäß verhalten.

Mit dem Freizeitpädagogen **Marc**, Nadias Freund und Geliebten, tritt ein Mann auf, der keine machistischen Allüren an sich hat, wie sie Männern des Immigrantenmilieus eigen zu sein scheinen. Neben Nadias Vater ist er der einzige Mann, der ihre Leidenschaft für Gerechtigkeit und die Suche nach der eigenen Identität nachvollziehen kann. Er geht allerdings einen ganz anderen Weg als Nadia. Er verlässt Frankreich, um sich in der Fremde zu finden.

In dem von Nadia in den Bericht eingefügten Brief Marcs anerkennt er jedoch, dass diese Emigration eher eine Flucht vor sich selbst gewesen ist (22,12 ff.; 24,3 ff.; 26,19 ff.;

Leidenschaft: **la passion**

28,14 ff.; 77,10–79,22), denn auch sein Selbstfindungsprozess kann in der Fremde nicht erfolgreich verlaufen. Wohl weil Marc und die Ich-Erzählerin selbst Suchende sind, kann sie ihn nicht vergessen. Daher ist es durchaus als Vorwurf gemeint, wenn es am Ende des Romans – nach dem Perspektivenwechsel – heißt: »Elle [Nadia] songe à Marc. [...] Elle a besoin de sa présence, d'entendre sa voix. Elle lui en veut d'être parti [...] elle n'a plus d'arbre contre qui s'appuyer« (153,9–14).

Vorwurf: **le reproche**

4. Struktur und Erzähltechnik

Der Roman ist chronologisch angelegt und weist eine klare Struktur auf, die sich aus den biografischen Ereignissen der Protagonistin ergibt. Auslösendes Moment ist die Verheiratung der Schwester, die die Ich-Erzählerin als Zehnjährige miterlebt. Mit diesem Bericht wird der erste Teil des Romans eröffnet. Er umfasst Kindheit, Jugend und frühes Erwachsenendasein und endet mit der Ermordung Kemal Mellous (3–67). Der zweite Romanteil umfasst die Zeitspanne, in der die Ich-Erzählerin politisch aktiv ist (68–148,16). Daran schließen sich das Eingeständnis der Wahlniederlage und die daraus zu ziehenden persönlichen Konsequenzen an (148,17–152,10). Am Ende des Romans wird der Leser durch einen Sprung aus der bisher verwendeten Erzählperspektive, der Ich-Erzählung, in diejenige eines allwissenden Erzählers versetzt. Durch diesen Perspektivenwechsel wird die erzählte Vergangenheit mit der Jetztzeit verknüpft. Mit dem letzten Satz wird eine positive Zukunftsperspektive eröffnet.

Ich-Erzählerin

Perspektivenwechsel

Der Text wird im Untertitel als ›Roman‹ bezeichnet. Diese Form steht jedoch im Gegensatz zu der vom Autor ver-

chronologisch angelegt sein: **suivre l'ordre chronologique**
der zweite Romanteil umfasst: **la deuxième partie du roman comprend …**
allwissender Erzähler: **le narrateur omniscient**
erzählte Vergangenheit: **le passé narré**
Jetztzeit: **le présent**
Zukunftsperspektive: **la perspective d'avenir**

wendeten Begrifflichkeit im Epilog. In der Danksagung schreibt Tahar Ben Jelloun: »Merci [...] à l'équipe de chercheurs sur le terrain qui a rédigé le rapport portant le même titre que ce *récit*« (154; Hervorhebung von W. A.).

»récit«

Tatsächlich weist der Text keine klassische Romanstruktur auf. Denn der Autor vermischt die Entwicklungsgeschichte der Protagonistin mit derjenigen anderer Immigranten. Innerhalb der Biographie der Protagonistin werden teilweise in sich geschlossene Geschichten skizziert, die dem Erzählten einen über den biographischen Charakter hinausgehende Bedeutung zukommen lassen. Romanhaft hingegen sind die fiktiven Personen und Handlungsorte.

Die Ich-Erzählerin liefert im Verlauf des Berichtes einige chronologische Anhaltspunkte: »J'avais dix ans [...]« (3,4); »J'avais [...] treize ans [...]« (10,15; 16,4 f.); »J'avais dix-sept ans [...]« (23,1); »[...] en juin 1989, je passais ma licence d'économie [...]« (57,2 f.); »Mon père nous quitta en septembre« (57,7; 103,13 f.); die Ermordung Kemal Mellous 1991 (60,1) sowie die Angabe, dass der Zwangsverkauf des Hauses 15 Jahre zurückliegt (98,3). Daraus ergibt sich ein äußerer Zeitrahmen von fünfzehn Jahren.

Chronologie

Die lineare Struktur, die dem äußeren Lebenslauf der Protagonistin entspricht, wird durch zahlreiche zeitgeschichtliche Anspielungen aufgebrochen, in denen die Integra-

Danksagung: **les remerciements**
Handlungsort: **le lieu de l'action**
Zeitrahmen: **le laps de temps**
Anspielung: **l'allusion** (f.)

tionsgeschichte der Familie Mohand, mit der Einwanderung des Großvaters als Fremdarbeiter beginnend, durchscheint (99,19 ff.; 100,7 ff.).

Darüber hinaus wird das Romangeschehen durch zeitgeschichtlich belegbare Ereignisse zu einer Dokumentation, die sich zu einer Chronologie der Leidens- und Verfolgungsgeschichte der Immigranten maghrebinischer Herkunft entwickelt. Es geht dem Autor also nicht um etwas Einmaliges, sondern das Romangeschehen veranschaulicht fiktiv, was in der Wirklichkeit alltäglich ist. Dadurch entsteht der Charakter der Authentizität.

Authentizität

Als perspektivisch erweiternde Einschübe fungieren:

1. Kommentare und Bewertungen des geschichtlichen Hintergrundes und der persönlichen Verhaltensweisen der Ich-Erzählerin in diesen Zusammenhängen.
2. Die wie Dokumente eingefügten Skizzen fremder Lebensverläufe und deren knapp angerissene Analyse. Damit einhergehend werden typische Gründe des »selbstverschuldeten«, vor allem aber des unverschuldeten Scheiterns der Integration in die französische Gesellschaft verdeutlicht.
3. Tagebucheinträge und Briefe. Sie untermauern die Glaubwürdigkeit der Ich-Erzählerin als Zeitzeugin.
4. Einfügungen wörtlicher Rede als Reminszenzen des-

durchscheinen: **transparaître**
etw. veranschaulichen: **illustrer qc**
Bewertung: **le jugement**
Glaubwürdigkeit: **la crédibilité**
wörtliche Rede: **le discours direct**

sen, was der Vater und die Mutter gesagt haben, wodurch ihre Charaktere, ihre Einsichten in das Geschehen um sie herum und ihre Beziehung zur Protagonistin offensichtlich werden.

5. Lange Passagen innerer Monologe und Reflexionen, durch die die Psyche der Protagonistin, ihre Entwicklung innerhalb des Gesamtzusammenhangs als Teil der *Beur* erhellt werden.

Collage

So entsteht vor dem Leser eine aus einzelnen »Puzzle-Stücken« zusammengesetzte vielschichtige Collage über die Situation, in welcher sich die Ich-Erzählerin und alle anderen Migranten mit ähnlichem sozio-kulturellen Hintergrund befinden. Die einzelnen Elemente bedingen einander, wodurch ein Teufelskreis entsteht, in dem fast alle unterschiedslos gefangen zu sein scheinen. Die Ausnahmen: die Ich-Erzählerin und Naïma, das Mannequin.

Der Struktur des Romans entsprechen die verwendeten Erzähltechniken: Die vordergründige Ich-Erzählung gibt Zeugnis über die eigene Entwicklung und den Aufstand gegen die herrschenden Verhältnisse. Sie richtet sich direkt an Leser oder Zuhörer: »[…] il faut donc que je vous le raconte« (4,10 f.).

Wesentliche Ereignisse im Leben der Berichterstatterin

einander bedingen: **se conditionner mutuellement**
Teufelskreis: **le cercle vicieux**
unterschiedslos: **sans exception; indifféremment**
Erzähltechnik: **la technique de narration**
vordergründig: **au premier plan**

Erzählzeit – erzählte Zeit

werden zum Teil so dargestellt, dass Zeitdehnung vorliegt, so zum Beispiel, wenn sie sich an das schrecklichste Ereignis ihrer Kindheit erinnert. Durch solches Verweilen in der Zeit entstehen in sich geschlossene Geschichten, die mit anderen verbunden den Werdegang erklärlich machen. Es handelt sich um Assoziationsketten, deren äußerer Rahmen die bereits erwähnten Eckdaten sind. In diesen Zusammenhang gehören auch die Selbstgespräche, die den psychischen Zustand der Heldin verdeutlichen: So zum Beispiel, wenn Nadia zu phantasieren beginnt, wie es wäre, wenn sie bei den »européennes« (100,13) – gemeint sind die Europawahlen – kandidieren würde: »[...] Ô Nadia, tu m'échappes, j'ai peur pour toi [...] Ô Nadia, l'ardente douleur que l'injustice a infligée à ta famille est toujours présente. [...] Ô Nadia, ta mémoire est en même temps jeune et lourde, vive et ancienne. [...] Ô Nadia, c'est le moment ou jamais de te demander qui tu es [...]« (100,16–103,21). In diese Form selbstreflektierenden Träumens bricht die Wirklichkeit ein: »... J'étais perdue dans ce genre de pensées quand Yahia et Ali sont venus me voir [...] C'est Yahia [...] qui a pris la parole: ›Nous sommes venus te proposer notre aide [...]‹« (104,1–8). Die Ich-Erzählerin wendet sich wieder an einen Zuhörer. Leser und Protagonistin befinden sich wieder im Kontinuum der erzählten Zeit.

Dann wiederum gibt es Passagen (zum Beispiel das erste Gespräch mit dem Bürgermeister), in denen durch Verwen-

Zeitdehnung: **le ralentissement dans le temps**
psychischer Zustand: **les états** (m.) **d'âme**
phantasieren: **fantasmer**
Passage: **le passage**

dung der wörtlichen Rede Zeitdeckung hergestellt wird, um die Authentizität des Geäußerten hervorzuheben. Ebenso bedient sich die Erzählerin auch des Mittels der Zeitraffung, um beispielsweise größere Zeiträume knapp zu skizzieren: »C'était en juin 1989, je passais alors ma licence d'économie et venais de me séparer de Marc, parti pour les Antilles [...] – Mon père nous quitta en septembre [1991]« (57,3–7). Mittels Aufzählungen (37,9–38,7; 129,4–131,3) stellt die Ich-Erzählerin ihre Zeitnot dar. Sie vermitteln das Tempo des Geschehens, mit dem die Ich-Erzählerin kaum mehr mithalten kann. Auch daraus resultiert ihr Wunsch nach Abstand.

Sprachebenen

Neben diese Erzähltechniken tritt der ständige Wechsel verschiedener Sprachregister, vom *français familier* bzw. *argotique* über das *français parlé* bis hin zum *français littéraire*. Hierdurch werden Schichtzugehörigkeiten und das Ausnahmetalent der Ich-Erzählerin verdeutlicht: Sie lebt ebenso im Immigrantenmilieu wie in dem der gebildeten Franzosen.

Bemerkenswert ist an einigen Stellen auch der Tempusgebrauch: »Ce fut un moment décisif dans ma vie« (3,5–6); »Je m'avançai à pas lents [...]« (5,3); »Quand [...] apparut Kader, [...] les femmes l'accueillirent [...]« (5,10–12); »Les jeunes mariés habitèrent avec nous« (6,13). Die Verwendung

Zeitdeckung: **l'égalité** (f.) **entre le temps narré et le temps de la narration**
Zeitraffung: **l'accélération** (f.) **dans le temps**
Aufzählung: **l'énumération** (f.)
Zeitnot: **le manque de temps**
Abstand: **le recul**
ständiger Wechsel: **le changement constant; l'alternance** (f.)
Schichtzugehörigkeit: **l'appartenance** (f.) **à une couche sociale**

des *passé simple* deutet den literarischen Stil an und verweist so auf einen hohen Bildungsstand. Dem entgegengesetzt ist die Verwendung des *français argotique*, das von den *galériens* (Sklaven) gesprochen wird. Zu ihnen zählen die fünf Jungen Rachid, Aziz, Kader, Momo und Rezki, die sich entsprechend artikulieren: »›Ici pas de taffe, alors vaut mieux se servir. On n'est pas des teubés. Pas normal! […] T'as vu la gueule des mecs […]‹« (39,12–14; vgl. 40,16–22).

5. Interpretation

In den vorangegangenen Kapiteln sind interpretatorische Details bereits in die Darstellung eingeflossen. Daher sollen in diesem Kapitel die Grundaussagen des Romans und ihre Deutung im Gesamtzusammenhang dargelegt werden.

Neben der zunehmenden Bewusstwerdung, was Frau-Sein in einer machistisch geprägten Kultur heißt, spielen in dem Roman vor allem die gesellschaftlichen Einwirkungen auf eine integrationswillige Immigrantenfamilie die zentrale Rolle.

Symbolik des Hauses

Äußeres Zeichen dafür, dass sich die Familie – das heißt: der Vater – in die französische Gesellschaft einzugliedern sucht, ist der Bau eines eigenen Hauses mitten im Zentrum von Resteville. Damit will der Vater ein Zeichen setzen. Denn bereits sein Vater hatte versucht, in Frankreich heimisch zu werden, was ihm jedoch nicht gelungen ist. Deprimiert kehrte er nach Algerien zurück und spricht kein Wort mehr (vgl. 10,6 ff.; 99,18–100,3).

In Nadias Bericht spielt der Hausbau eine wichtige Rolle, seine Bedeutung geht weit über die für die eigene Familie hinaus. Das Haus ist äußeres Symbol des Sesshaftwerdens. So sind auch die Reaktionen der Nachbarn zu verstehen. »Les voisins des HLM étaient jaloux, mais aimaient bien nous rendre visite; ils disaient retrouver un peu de leur propre village en plein centre de Resteville« (14,4–7). Dass ein Immigrant es wagt, mitten in Resteville ein Haus zu bauen,

Bewusstwerdung: **la prise de conscience**
mitten im Zentrum: **en plein centre**

das passt nicht zur Erwartung, die man (hier die Stadtverwaltung) von einem Einwanderer hat: »Il [le père] avait dû refaire plusieurs fois le plan à cause des objections de la mairie. Il y avait là quelqu'un qui ne supportait pas l'idée qu'une famille d'Algériens puisse s'installer en centre-ville; à ses yeux, un immigré devait habiter la zone, au mieux une cité de transit ou un ›logement social‹« (14,12–17). Jahre später erinnert sich die Ich-Erzählerin wieder: »Ah, le pays! Mon père avait eu raison de construire en plein centre de Resteville une maison calquée sur celles du bled! Quelle provocation! Lui n'entendait pas se contenter de quelques [...] reliques de substitution [...]. Non, il voulait sa vraie maison au centre d'une véritable ville [...]« (134,14–20).

Gesellschaftliche Reaktionen

Im Vergleich zu all den anderen Familien, die in Sozialwohnungen leben, ist sich Nadia bewusst: »Nous étions des privilégiés« (15,12).

Für die Stadtverwaltung von Resteville jedoch stellt das Haus eine Provokation dar. Da es nicht in das »Stadt-Ensemble« hineinpasst, sucht und findet man nach acht Jahren einen formalen Grund für dessen Abriss. An gleicher Stelle soll eine »Maison de la Culture« errichtet werden. In Wirklichkeit entsteht jedoch ein Supermarkt: »[...] à la place de notre belle maison, on avait fini par édifier un supermarché!« (98,6–7).

Nadia beschließt, auf eigene Faust gegen diese Ungerechtigkeit vorzugehen und erzwingt ein Gespräch mit dem Bürgermeister, in welchem sie die Gründe erfahren möchte, die zu diesem Beschluss geführt haben. Da es keine echten gibt, nimmt dieser die Sache zunächst von der komischen

im Vergleich zu jdm.: **en comparaison avec qn**

Seite (17,4), tut erstaunt, als wisse er von dem ganzen Vorgang nichts (17,12–13), ja er lässt sich sogar die Akten bringen. Durch die Art und Weise seines Verhaltens zeigt Bourru deutlich, dass er der Auffassung ist, die jugendliche »Rebellin« mit ein paar leeren Redewendungen abspeisen zu können. Jedoch nützt ihm die vorgeschützte Unwissenheit nicht, denn Nadia stößt bereits mit ihrer ersten Frage zum Wesen der Sache vor: »[…] ›Vous êtes communiste, vous êtes censé défendre les droits des travailleurs. Dites-moi alors, monsieur le maire, pourquoi vous voulez raser la maison d'un bon travailleur qui a économisé toute sa vie pour se construire un pavillon?‹« (17,6–11). Es nützt dem Bürgermeister wenig, das Allgemeininteresse als Argument anzuführen. Darum geht es ihm nicht. Denn wie sich herausstellt, geht mit der Zerstörung des Hauses auch der Betrug der Stadt an Nadias Vater einher. Die Heldin erinnert sich noch genau: »[…] mon père avait reçu une lettre l'informant que les experts avaient estimé la maison à quinze millions de centimes [ca. 23 000 Euro]. Elle nous avait coûté le double« (18,8–11).

Die Argumentation Bourrus, die Kommunisten hätten immer das Wohl der Mehrheit verteidigt, indem sie dieses über Einzelinteressen stellten, steht auf tönernen Füßen. Was er als eines der Grundprinzipien der Demokratie (sozialistischer Prägung) zu verkaufen sucht, ist nichts als kommunistische Ideologie. Es geht um eine rein politische Entscheidung, mit der man dem Immigranten zeigt, dass er unerwünscht ist. Das ahnt Nadia sofort. Mit ihrer Einschätzung: »Pour moi, l'affaire était politique et teintée de racisme« (19,14) liegt sie vollkommen richtig.

Auch die Verkündung des »großherzigen« Beschlusses der Kommune: »›On rase votre maison. On vous l'achète au prix du marché, puis on vous propose un grand appartement dans une superbe HLM‹« (17,21–24), ist nichts als ein weiterer Euphemismus. Denn das Attribut *grand* im Zusammenhang mit der Bedeutung des Wortes *appartement* besagt in diesem Zusammenhang genau das Gegenteil. Schließlich bewohnte die Familie zuvor ein weiträumiges Haus. Gleiches gilt für die Verwendung des Attributs *superbe* in seiner großsprecherischen Bedeutung. Im Zusammenhang mit HLM, also einer Sozialwohnung, die eher dem entspricht, was man heute unter »sozialistischem Plattenbau« versteht, kann das Wort *superbe* nur als Farce angesehen werden.

Diese Ungerechtigkeit, die Nadia als Französin zugefügt worden ist, motiviert sie, die Integration ganz aus sich heraus zu erlangen. So berichtet sie in Rückerinnerung: »[…] je voulais non pas changer le monde, mais changer quelque chose à Resteville. Le maire, par exemple. J'ai la rancune tenace. Je ne lâche pas. Jamais« (20,12–15). In ihr Tagebuch schreibt sie, was für sie eines ihrer Handlungsmotive sein wird: »Aujourd'hui, j'ai subi une grande défaite. Mais ils ne m'auront pas. Je ne serai jamais la petite Beur qui passe à la télé pour dire combien elle est assimilée, intégrée, rangée. Non. J'ai la rage! J'ai la haine! Trop d'injustice. Je ne serai jamais galérienne …« (20,17–21,3).

Im Verlauf von fünfzehn Jahren (98,3) stellt die Ich-Erzählerin ein Dossier zusammen, das es ihr erlauben würde, gegen den Skandal juristisch vorzugehen (98,3–6). Zum gegebenen Zeitpunkt spielt sie ihr Wissen geschickt aus und zwingt den Kommunisten Bourru, sich für ihr Vorhaben als Abgeordnetenkandidatin bei den Parlamentswahlen zu ver-

weiträumig: **spacieux(-se)**

wenden (vgl. 98,8–15). Nicht nur politisch, sondern vor allem moralisch zwingt sie Bourru dadurch in die Knie. Schließlich kann sie für sich in Anspruch nehmen, was andere Migranten, die sich in der französischen Gesellschaft assimiliert haben, nicht guten Gewissens können: »À mon tour, j'étais peut-être promise à un destin tout neuf, réservé en principe aux gens bien nés, ceux qui se croient autorisés à parler pour le peuple tout en étant à mille lieues de ses problèmes. Au moins, si j'étais élue, on ne pourrait pas me reprocher de ne pas en être, du peuple!« (99,4–9). Damit stellt sie der häufig geübten Assimilation, die für sie gleichbedeutend mit dem Verleugnen der eigenen Herkunft ist, ihr Modell der »Andersartigkeit« gegenüber.

Rache an Bourru

Um dieses Ziel erreichen zu können, ordnet Nadia alles andere konsequent unter. Sie opfert ihm Freundschaften und Familie. Selbst die Einsamkeit nimmt sie in Kauf: »La solitude ne me fait pas peur. […] En vérité, je ne le suis jamais. Je suis toujours en compagnie de mes projets« (81,1,5–7). Diese Einstellung prägt auch ihr Urteil über andere Immigranten: »Ce qui manque le plus aux types de chez nous, c'est l'ambition« (81,7–8). Das trägt ihr auch Vorwürfe ein: »[…] Tous les Arabes ne sont pas comme le mari de ta sœur! Tu ne serais pas un peu raciste, des fois?« (76,19–77,1).

Die Ich-Erzählerin kann es nicht verwinden, wenn man sich hängen lässt, sich mit dem »kleinen einfachen Schicksal« abfindet. Hierfür ist ihr Urteil über das von ihrem Bruder Aziz geführte Leben das signifikanteste Beispiel (81,9–14). Aus Aziz, der ein begnadeter Fußballspieler

etw. einer Sache opfern: **sacrifier qc pour qc**

ist, hätte, wie die Ich-Erzählerin berichtet, viel mehr werden können. Was ihn jedoch hindert, mehr aus seiner Veranlagung zu machen, das ist, was schon der Vater als größten Charakterfehler aller Araber bezeichnete: »›Sais-tu, ma fille, ce qui a empêché les Arabes d'avancer? Une simple expression qu'on emploie chez nous: *Qdi haja*! Il n'y a pas d'équivalent en français. Ça veut dire en gros: arrange-toi pour être médiocre, il ne t'arrivera rien de mal. [...] Voilà notre drame: le laisser-faire, laisser-aller‹« (70,5–9; 13–14). Am Beispiel von Aziz wird so die verhängnisvolle Kombination von verfehlter Erziehung zu Hause, ungenützten Möglichkeiten sowie mangelnden Integrationsanstrengungen von staatlicher Seite aufgedeckt (vgl. 84,11–18). Es sind die »gnadenlosen« sozialen Bedingungen, die ihn, der nicht den Ehrgeiz der Schwester besitzt, scheitern lassen. So ist ihre Kritik zu verstehen, wenn sie äußert: »Son handicap à lui, c'est d'être né à Resteville, dans une famille d'immigrés, à une époque où il n'y avait personne pour s'occuper de cette génération qu'on a laissée pousser comme le chiendent dans un terrain vague« (85,13–17).

Auch ihre kritische Haltung gegenüber den Medien, die sich der üblichen Klassifizierungen bedienen und Franzosen, deren Eltern aus Nordafrika stammen, unter der Überschrift *deuxième génération* (85,19) einordnen, wird deutlich. Aus diesen Sachzusammenhängen erwächst auch die von der Ich-Erzählerin immer mehr in den Vordergrund des eigenen Lebens drängende Frage nach der eigenen Identität. Es geht ihr also nicht um den Einzelfall Aziz, sondern um die Chancen maghrebinischer Einwandererkinder, die durch solche Zuordnungen vorverurteilt werden. Es handelt sich eben nicht um eine »Zweite Generation«, sondern um gebürtige Franzosen, deren Eltern nach Frankreich immigriert sind.

Wie stark die Lebensbedingungen in Resteville das eigene Denken bestimmen, wird deutlich, als Nadia von der Geschichte einer gelungenen Integration berichtet, der von Naïma (108,1–128,5; 146,22–148,9). An ihrem Beispiel zeigt die Erzählerin, dass jungen Frauen aus dem Immigrantenmilieu eher zugetraut wird, als Prostituierte zu enden oder zur Prostitution gezwungen zu werden, als sich selbstständig aus ihrem sozio-kulturellen Milieu zu befreien. Den Ghettobewohnern scheint es unmöglich, dass man als Mannequin entdeckt werden und erfolgreich sein könnte. Dieses Beispiel verdeutlicht die große Schwierigkeit für eine Frau, dem Migrantenmilieu zu entkommen, um in der französischen Gesellschaft autonom zu leben. Die archaischen Überlieferungen der Elterngeneration in Bezug auf Rollenverständnis und Rollenverhalten der Frau verwehren es diesen, sich einen Platz in der modernen pluralistischen Gesellschaft zu erobern und gleichzeitig von den Eltern für ihre Leistungen anerkannt zu werden. Die Folge sind häufig Fluchtversuche, um sich diesem Milieu zu entziehen und eigenen Vorstellungen gemäß zu leben (vgl. 59,8 ff.; 111,12–18).

Der Fall Naïma

Zwar gilt Naïmas Vater, Lahcen, in diesem Milieu als Ausnahme: »Contrairement aux autres immigrés de sa génération, Lahcen sait lire et écrire« (108,6 f.). Er ist also nicht nur in der Lage, seinen Kindern beim Erledigen der Hausaufgaben behilflich zu sein, sondern er kümmert sich auch um deren Erziehung: »[il] surveillait leurs fréquentations« (110,15). Dennoch ist der Vater vollkommen in den traditionalistischen kulturellen Anschauungen seiner Heimat verwurzelt. Das Verschwinden seiner Tochter ist für ihn eine persönliche Schande. Er sieht sie bereits als Prostituierte in Italien. Dabei geht es ihm weniger um das Schicksal seiner Tochter, sondern um seinen Status als Familienoberhaupt bzw. als Mann (Kabyle) in der Migrantengesellschaft (109,9–19).

Angst vor Schande

Nicht ganz uneigennützig reist Nadia nach Italien, um Naïma zu suchen. Mit der Entdeckung, dass ihr ehemaliger Schützling nun als Mannequin die Plakatwände ziert (118,1–16), geht das Eingeständnis einher: »Naïma n'était donc pas perdue. Ce n'était pas une pute victime de la traite des blanches ou des brunes. Naïma était devenue une star de la publicité« (118,17–19).

Dennoch erscheint es auch Nadia unglaublich, dass Naïma, ohne sich zu prostituieren, zu dem geworden ist, was sie nun ist (123,13–15). Ihre Vorstellungen, die sich am Leben in Resteville orientieren, treffen jedoch nicht zu. So ist die Wiedergabe der kurzen Nachricht Naïmas zu verstehen, in welcher sie sich als freie, sich selbst bestimmende junge Frau zeigt (125,3–8). Während Nadia den Werdegang Naïmas akzeptiert, ja sie sogar darum beneidet, kommen die Eltern damit überhaupt nicht zurecht: »La mère pleurait. Le père ne disait rien« (125,16). Mit ihrem Verhalten zeigen die Eltern, dass sie zwar im »pays d'accueil« angekommen sind, sich jedoch nicht von ihren überkommenen Vorstellungen zu befreien wissen. Der Vater anerkennt die Leistung seiner Tochter nicht, im Gegenteil, er verurteilt ihr Handeln. Seiner Ansicht nach geistert die Tochter nun in den Hirnen von Seemännern und Dockern herum (vgl. 125,19 ff.). Indem er die von Naïma zugesandten Kleidungsstücke zerschneidet, zerschneidet er auch die

Bande, die die Tochter mit der Familie verbinden. Er geht soweit, zu betonen: »[…] j'aime mieux dire qu'elle est morte, plutôt que de raconter qu'elle exhibe partout sa beauté« (127,2–3). Damit orientiert er sich ganz am traditionalistischen Frauenbild seiner Kultur.

Diese Auffassungen stehen in völligem Gegensatz zu denen der Berichterstatterin als Frau und Intellektuelle. Daher kommt sie zu dem Schluss: »J'en avais assez d'écouter et de parler comme si la violence, le mal, les blessures d'autrui ne me concernaient en rien, moi. Naïma avait échappé à la perspective d'une petite vie plate. Nous avions dix ans de différence et l'action politique dans le Val-de-Nulle-Part commençait à m'user. Elle vivait autre chose, et je l'enviais. J'aurais aimé être aussi belle qu'elle, partager sa chance. Je la regardais avec des yeux de grande sœur complice« (127,10–18).

Frage nach der Identität

Es sind nicht zuletzt diese Unvereinbarkeiten kultureller Auffassungen, die bei der Ich-Erzählerin zu einer zunehmenden Selbstentfremdung führen. Denn sie muss sich immer häufiger die Frage stellen, wer sie selbst denn nun sei: Ist sie Französin mit maghrebinischen Wurzeln oder ist sie vielmehr doch nur eine Immigrantin, die in französischem Exil lebt?

Hieraus ergeben sich weitere Fragen: Welche der durch ihre Eltern, ihre »Gruppe« überlieferten Werte will sie beibehalten? Welche lehnt sie als inakzeptabel für eine Frau ab?

In diesem Sinne sind die Tagträume zu verstehen, in denen sich Nadia weg wünscht (139,14–140,2). Der Personalausweis, den die Ich-Erzählerin fotokopiert und an die Wohnungstür heftet, gibt nur formale Auskunft darüber, welche Identität sie besitzt.

Letztlich muss sie sich eingestehen, dass sie zwischen zwei Kulturen lebt. Darauf läuft auch ihre Vorstellung hinaus, dass die eigene Anerkennung durch die anderen auf der Anerkennung der universellen Menschenwürde beruht.

6. Autor und Zeit

Kindheit

Der marokkanische Autor Tahar Ben Jelloun wird am 1. Dezember 1944 in Fès (Marokko) als Sohn eines Tuchhändlers und einer analphabetischen Mutter geboren.[5] Er besucht zunächst die Koranschule seines Stadtteils.[6] Im Alter von sechs Jahren kommt er in die zweisprachige franco-marokkanische Grundschule, die von einem Franzosen geleitet wird.

1955 ziehen die Eltern nach Tanger um. Dort besucht er die Grundschule. Ab 1956 geht er in das Lycée »Ibn Al Khatib«, wechselt nach dem »brevet« an das französische Gymnasium »Regnault«, wo er 1963 das Abitur ablegt.

Studium

An der Universität von Rabat studiert er Philosophie. Im Jahr 1965 beteiligt er sich an Studentendemonstrationen, die vom marokkanischen Staat mit Unterdrückung und Einkerkerung beantwortet werden. Unter dem Vorwand, Tahar sei einer der Mitorganisatoren der Studentenunruhen gewesen, wird er zusammen mit 94 anderen Kommilitonen im Juli 1966 in ein militärisches Straflager zunächst nach El Hajeb, dann nach Ahermemou in Ostmarokko verbracht, wo er bis 1968 eingekerkert ist.

Gefangenschaft

Nach der Entlassung im Januar 1968 setzt er seine Studien

Tuchhändler/Tuchhändlerin: **le drapier / la drapière**
zweisprachig: **bilingue**
Unterdrückung: **la répression**
Einkerkerung: **l'emprisonnement** (m.)
Entlassung: **la libération**

Tahar Ben Jelloun

fort, schließt sie im Oktober ab und wird erster Philosophielehrer am Lycée »Charif Idrissi« in Tétouan. Im gleichen Jahr publiziert er in der Literaturzeitschrift Souffles sein erstes Gedicht *L'Aube des dalles*, das der Autor heimlich in der Gefangenschaft verfasst hat.

Im Oktober 1970 wird er nach Casablanca versetzt. In diesem Jahr erscheint der erste Gedichtband: *Hommes sous linceul de silence*.

Emigration

Nachdem ab 1971 auf Erlass des marokkanischen Erziehungsministeriums der Philosophieunterricht auf arabisch stattfinden soll, lässt Tahar Ben Jelloun sich offiziell beurlauben, denn er ist hierfür nicht ausgebildet worden. Er übersiedelt nach Paris um dort Psychologie zu studieren und zu promovieren. Eine karitative französische Vereinigung unterstützt ihn mit monatlich 550 Francs. Er beginnt seine literarische Karriere als Journalist bei *Le Monde*, wo er ab Juni 1972 Artikel für *Le Monde des livres* verfasst. 1973 erscheint Ben Jellouns erster Roman: *Harrouda*. In ihm bricht er erzähltechnisch mit den traditionellen Strukturen dieser Gattung. Sie werden durch ständigen Wechsel von erzählerischen und lyrischen Passagen aufgehoben.

Der Autor setzt seine Studien in Paris fort und schließt sie mit der Dissertation *Problèmes affectifs et sexuels de travailleurs nord-africains en France* im Jahr 1975 ab. In ihr setzt er sich mit der prekären Situation der nordafrikanischen Fremdarbeiter auseinander, die, aus ihren sozio-kulturellen Kontexten herausgerissen, häufig an psycho-physischen Er-

mit etw. brechen: **rompre avec qc**
Gattung: **le genre**
ständiger Wechsel: **l'alternance** (f.)

krankungen leiden. Diese sind u. a. auf die lange Abwesenheit von zu Hause, auf kulturelle und soziale Isolation, vor allem aber auf die Ausbeutung der Arbeitskräfte zurückzuführen.[7]

Der Essay *La plus haute des solitudes*, eine Umarbeitung der wissenschaftlichen Arbeit, der im gleichen Jahr erscheint, beschert Ben Jelloun den ersten größeren schriftstellerischen Erfolg. 1976 erscheint der zweite Roman, *La Réclusion solitaire*, mit dem der Schriftsteller das Thema der Einsamkeit in der Fremde am Beispiel eines »Gastarbeiters« aufgreift.
Einem großen Publikum wird der Autor durch den Roman *L'Enfant de sable* (1985) bekannt. 1987 erhält er den renommierten Prix Goncourt für den Roman *La Nuit sacrée*, der eine Fortsetzung des Romans *L'Enfant de sable* ist.

Thema Immigration

Die Auseinandersetzung mit dem Thema Immigration, die bereits Grundlage der Dissertation war, tritt immer häufiger in den Vordergrund der Prosatexte und Essays. Die Arbeiten *Hospitalité française* (1984), *Les Yeux baissés* (1991), *Les Raisins de la galère* (1995) befassen sich mit dieser Problematik, die schließlich in *Le Racisme expliqué à ma fille* (1997) weitergeführt wird. Auch die vor allem für Jugendliche verfassten pädagogischen Prosatexte *L'Islam expliqué aux enfants* (2002) und das nur in Deutschland erschienene Buch *Papa, woher kommt der Hass?* (2005) sind der gleichen Thematik gewidmet.

Zentrales Anliegen des Autors ist die Durchsetzung der Menschenwürde, die leitmotivisch das gesamte Werk durchzieht. Unschwer lässt sich dies gerade in seinen »gesellschaftspolitischen« Schriften erkennen, die sich philosophisch unter anderem an Jean-Paul Sartres Forderung einer *littérature engagée*[8] orientieren sowie an Albert Camus' Humanismus, wie er in dessen philosophischem Essai *L'Homme révolté*[9] zum Ausdruck gebracht wird.

Romantitel

Immer wieder setzt sich der Autor für die »Sklaven dieser Zeit«, die Immigranten ein. So ist auch der Romantitel *Les Raisins de la galère* zu verstehen. Vordergründig spielt der Romancier auf den von John Steinbeck verfassten Roman *Früchte des Zorns*[10] an sowie auf eine soziologische Studie seines Freundes Adil Azouli aus dem Jahr 1994[11], auf die er im Epilog seines Romans eingeht (154). Eine weitere Verbindungslinie lässt sich zu der soziologischen Studie *La Misère du monde* aus dem Jahr 1993[12] herstellen, auf die im Roman angespielt wird: »Un jour, ma prof me donna à lire un livre de B. […] Ce qu'écrivait ce sociologue renvoyait à des situations que j'avais connues« (23,12 ff.).

Auch sein jüngster Roman *Partir*[13], in dem die illegale Einwanderung junger Marokkaner nach Europa im Mittelpunkt steht, zeigt, wie sehr sich der Autor nach wie vor für Immigranten einsetzt.

7. Rezeption

Das 1996 in Frankreich erschienene Buch, das auf Bitten von Eric Orsenna, eines Freundes des Autors, entstanden ist[14] (»[…] c'est mon ami Eric Orsenna qui m'a demandé d'écrire un court texte pour les adolescents dans sa collection *Libre*«), hat beim französischen Lesepublikum kein besonderes Echo hinterlassen. Das mag daran liegen, dass es sich bei diesem Text um einen Roman für Jugendliche handelt.

Im deutschsprachigen Raum hat sich ihm, neben dem Herausgeber Johannes Röhrig, der die beim Reclam Verlag erschienene Ausgabe betreute, Daniel Winkler mit zwei Arbeiten gewidmet.[15] Auch der Romanist Roland Spiller setzt sich in seinen Studien u. a. mit diesem Roman auseinander.[16]

Eine deutsche Übersetzung des Romans liegt bislang nicht vor.

Mittlerweile ist der Text aufgrund seiner Aktualität und wohl auch wegen seiner Kürze in einigen deutschen Bundesländern zur verpflichtenden Lektüre für das Fach Französisch in der Oberstufe gemacht worden.

8. Dossier pédagogique

Dans ce dossier, il ne s'agit pas d'offrir une explication complète de ce texte. Il s'agit plutôt d'une liste de suggestions qui peuvent aider à *comprendre* et à *analyser* ce roman-récit. Le dossier offre de plus aux lecteurs un choix de *thèmes créatifs*.

- Comment s'explique le titre du roman. Consultez le chapitre 6 des *clés de lecture*.

- Analysez la structure et la technique narrative du roman (v. *clés de lecture*, 4).

- Rédigez les résumés des quatre parties du roman en vous référant au texte original et au chapitre 2 des *clés de lecture*.

- Faites le portrait des personnages du roman (par exemple: Nadia, son père, sa mère, le maire Bourru) en vous inspirant du texte original et du chapitre 3.

- Nadia – la protagoniste
– Essayez de décrire son physique.
– Essayez de saisir et d'analyser son comportement:
  a) pourquoi est-ce qu'elle veut à tout prix sortir de son milieu?
  b) quelle est son attitude face au mariage?
  c) quelle est son attitude face à son beau-frère Kader, aux hommes?
  d) quelle est son attitude dans la relation qu'elle a avec son père?

e) pourquoi est-ce qu'elle apprécie moins sa mère?
f) quelle est son attitude face à la situation des immigrés maghrébins?

- Nommez quelques raisons pour lesquelles des élements de fiction sont mélangés à un récit documentaire.
- Donnez quelques raisons de l'échec de l'intégration des immigrés dans la société française.
- Montrez les structures fondamentales des familles immigrées qui peuvent mener à des fugues de leurs enfants.
- Expliquez les raisons que Nadia avait de s'engager dans la politique.
- Analysez le rôle du maire Bourru dans l'évolution personnelle de la narratrice.
- Expliquez les différents niveaux de langue dont se sert l'auteur.
- Analysez les effets de procédés stylistiques caractéristiques.
- Faites le portrait de quelques familles immigrées. Qu'est-ce qu'ils ont en commun?
- Pourquoi est-ce que les garçons de familles d'immigrées échouent plus souvent sur le plan scolaire ou professionnel?
- Analysez le »bilan« de Nadia après la défaite électorale (149,10–152,10).
- Expliquez le dernier paragraphe du roman: »Le facteur

sonne [...]« (153,15–18). Dites si vous trouvez cette fin positive ou non et justifiez votre réponse.

- Quel est le rôle de l'histoire contemporaine dans le roman?
- Rédigez un dialogue entre Nadia et son beau-frère dans lequel il lui explique que sa fille Zohra va désormais porter le foulard.
- Marc manque à Nadia. Mettez-vous à sa place et écrivez une lettre à Nadja.
- Écrivez un dialogue entre Nadia et sa mère après la défaite électorale.

9. Lektüretipps

Primärliteratur

Ben Jelloun, Tahar: Les Raisins de la galère. Roman. Paris: Fayard, 1996.
– Les Raisins de la galère. Roman. Hrsg. von Johannes Röhrig. Stuttgart: Reclam, 1999 [u. ö.]. (UB. 9056.) – *Nach dieser Ausgabe wird zitiert.*
– Die tiefste der Einsamkeiten. Das emotionale und sexuelle Elend nordafrikanischer Immigranten. Basel / Frankfurt a. M.: Stroemfeld / Roter Stern, 1986.

Sekundärliteratur

Fäcke, Christiane / Rösch, Heide: Le Racisme expliqué à ma fille – Papa, was ist ein Fremder? – Tahar Ben Jelloun im fächerübergreifenden Deutsch- und Französischunterricht. In: Praxis des neusprachlichen Unterrichts 49 (2002) S. 186–195.
Heiler, Susanne: Der maghrebinische Roman. Eine Einführung. Tübingen 2005.
Jamin-Mehl, Ulrike: Zwischen oraler Erzähltradition und modernem Schreiben. Autorenreflexive Elemente im marokkanischen Roman französischer Sprache. Frankfurt a. M. 2004.
Mayer, Linda: Überlegungen zum aktuellen interkulturellen Diskurs der frankophonen Literaturen Marokkos am Beispiel Tahar Ben Jellouns und Abdelkebir Khatibis. In: Frankreich Jahrbuch. Opladen 1997. S. 203–219.

Spiller, Roland: Wie schreibe ich meine Lebensgeschichte? Autobiographisches Schreiben bei Tahar Ben Jelloun. In: Ernstpeter Ruhe (Hrsg.): Europas islamische Nachbarn. Studien zur Literatur und Geschichte des Maghreb. Bd. 2. Würzburg 1995. S. 245–267.

– Tahar Ben Jelloun: Schreiben im ›entre-deux‹. Literarische Vermittlung und Interkulturalität. Erlangen 1998.

– Blicke aus dem ›Entre-deux‹. Tahar Ben Jellouns Texte zur Immigration als Stationen einer interkulturellen Ethik. In: Ernstpeter Ruhe (Hrsg.): Europas islamische Nachbarn. Bd. 4. Würzburg 1999. S. 147–161.

– Tahar Ben Jelloun: Schreiben zwischen den Kulturen. Darmstadt 2000. (Beiträge zur Romanistik. 4.)

Wehennekel, Andrea: Eine Erfahrung mit dem Fremden. In: Der Fremdsprachliche Unterricht 35 (2001) H. 12. S. 38f.

Winkler, Daniel: Das Elend der Welt im Val-de-Nulle-Part: Tahar Ben Jellouns Erzählung *Les Raisins de la galère*. In: Trans. Internet-Zeitschrift für Kulturwissenschaften 2002. – *Siehe Anm. 15.*

– Repräsentationsformen der Pariser Banlieue der 90er Jahre zwischen Dokumentation und Konstruktion: Bertrand und Nils Taverniers Dokumentarfilm *De l'autre côté du périph'* und Tahar Ben Jellouns Erzählung *Les Raisins de la galère*. Wien 2000. – *Siehe Anm. 15.*

Literaturempfehlungen zum Themenkreis

Ader, Wolfgang (Hrsg.): Nées en France. Jeunes musulmanes dans la société laïque. Textes et dossier. Stuttgart 2005. (UB. 9139.)

Allouache, Merzak / Vincent Colonna (Hrsg.): Algérie, 30 ans. Les enfants de l'Indépendance. Paris 1992.
Begag, Azouz: Béni ou le Paradis privé. Roman. Paris 1989.
– / Abdellatif Chaouite: Écarts d'identité. Paris 1990.
Bellil, Samira: Avec le soutien et la collaboration de Josée Stoquart. Dans l'enfer des tournantes. Récit. Paris 2002.
Bouamama, Saïd: De la galère à la citoyenneté. Les jeunes, la cité, la société. Paris 1993.
Breuer, Rita: Familienleben im Islam. Traditionen – Konflikte – Vorurteile. Freiburg i. Br. [4]1998. (Herder spektrum. 5247.)
Charef, Medhi: Le thé au harem d'Archi Ahmed. Roman. Paris 1983.
Djavann, Chahdortt: Bas les voiles! Paris 2003.
Elias, Jamal J.: Islam. Freiburg i. Br. 2000. (Herder spektrum. 4824.)
Esposito, John L.: Von Kopftuch bis Scharia. Was man über den Islam wissen sollte. Leipzig [2]2004.
Flores, Alexander: Die arabische Welt. Ein kleines Sachlexikon. Stuttgart 2003.
Guène, Faïza: Kiffe kiffe demain. Paris 2004.
Guénif Souilamas, Nacira: Des »beurettes« aux descendantes d'immigrants nord-africains. Paris 2000.
Leila: Mariée de force. Document. Avec la collaboration de Marie-Thérèse Cuny. [o. O.] 2004.
Mounsi: La cendre des villes. Roman. Paris 1993.
Wagner, Malika: Terminus Nord. Roman. Arles 1992.

Anmerkungen

1 *http://www.taharbenjelloun.org/chroniques.php?menuimg=4&type_texte=2.*
2 Die Stellennachweise im Folgenden beziehen sich auf die Ausgabe: Tahar Ben Jelloun, *Les Raisins de la galère*, hrsg. von Johannes Röhrig, Stuttgart 1999 [u. ö.] (Reclams UB, 9056).
3 Vgl. dazu: *http://www.grioo.com/info149.html.* In Deutschland gilt das *ius sanguini*.
4 Vgl. hierzu wie zu den folgenden Ausführungen: *Brèves du casnav* 4 (2003): *http://www.ac-creteil.fr/casnav.*
5 Vgl. *Kritisches Lexikon zur fremdsprachigen Gegenwartsliteratur (KLfG)* 11/98, S. 1.
6 Zu allen weiteren biographischen Angaben vgl.:
http://www.taharbenjelloun.org/accueil.php
http://www.marabout.de/Ben_Jelloun/ben_jelloun.htm
http://de.wikipedia.org/wiki/Tahar_Ben_Jelloun.
7 Vgl. Tahar Ben Jelloun, *Die tiefste der Einsamkeiten*, Basel / Frankfurt a. M.: Stroemfeld / Roter Stern, 1986, S. 9 ff.
8 Vgl. Jean-Paul Sartre, *Was ist Literatur?*, übers. und hrsg. von Traugott König, Rowohlt: Reinbek b. Hamburg, 1981 [u. ö.], S. 33 ff.
9 Albert Camus, *Essais*, Paris: Gallimard, 1965, S. 423 ff.
10 John Steinbeck, *The Grapes of Wrath*, New York: Viking, 1939; deutsch unter dem Titel *Früchte des Zorns*. Siehe dazu *Kindlers Literaturlexikon*, Bd. XXX, S. 934 f.
11 Adil Azouli, *Les Raisins de la galère. Etude exploratoire sur les préadolescents dans les quartiers populaires. Ministère de l'Equipement*, Paris: Banlieuescopies, 1994. Vgl. *http://www.urbanisme.equipement.gouv.fr/cdu/*
12 Pierre Bourdieu [Hrsg.], *La Misère du monde*, Paris: Seuil 1993.
13 Tahar Ben Jelloun, *Partir*, Paris: Gallimard, 2006.
14 Vgl. *http://www.taharbenjelloun.org/accueil.php.*
15 Daniel Winkler, *Das Elend der Welt im Val-de-Nulle Part*, in: *TRANS, Internet-Zeitschrift für Kulturwissenschaften*, No. 13/2002 (*www.inst.at/trans/13Nr/winkler13.htm*) – Vgl. ders., *Repräsentationsformen der Pariser Banlieue der 90er Jahre zwischen Dokumentation und Konstruktion: Bertrand und Nils*

Taverniers Dokumentarfilm De l'autre côté du périph' *und Tahar Ben Jellouns Erzählung* Les Raisins de la galère, Wien 2000 (*http://sammelpunkt.philo.at:8080/archive/00000026/02/film-diplomarbeit.doc*).

16 Vgl. dazu Spillers Arbeiten in den Lektüretipps.

Raum für Notizen